# 北欧创新

施利毅　颜卉　俞锦丹◎著

经济管理出版社
ECONOMY & MANAGEMENT PUBLISHING HOUSE

**图书在版编目（CIP）数据**

北欧创新/施利毅，颜卉，俞锦丹著．—北京：经济管理出版社，2023.10
ISBN 978-7-5096-9367-4

Ⅰ．①北… Ⅱ．①施… ②颜… ③俞… Ⅲ．①企业创新—研究—北欧
Ⅳ．①F279.53

中国国家版本馆 CIP 数据核字(2023)第 204067 号

责任编辑：张莉琼　康国华
责任印制：许　艳
责任校对：蔡晓臻

出版发行：经济管理出版社
（北京市海淀区北蜂窝 8 号中雅大厦 A 座 11 层　100038）
网　　址：www. E-mp. com. cn
电　　话：（010）51915602
印　　刷：北京晨旭印刷厂
经　　销：新华书店
开　　本：720mm×1000mm/16
印　　张：14
字　　数：208 千字
版　　次：2024 年 4 月第 1 版　　2024 年 4 月第 1 次印刷
书　　号：ISBN 978-7-5096-9367-4
定　　价：98.00 元


联系地址：北京市海淀区北蜂窝 8 号中雅大厦 11 层
电话：（010）68022974　　邮编：100038

# 序

北欧用生动的童话故事构建了孩童们的纯真世界。

这里有美好童话故事的诞生地丹麦，有圣诞老人的故乡芬兰，有众多温泉美如仙境的冰岛，有能够观赏绚丽多彩北极光的挪威，有森林之国之称的瑞典。

北欧用领先的发展理念构建了人们的梦想家园。

这里有重视绿色创新的丹麦，有全球的教育领跑者芬兰，有精致而美丽的幸福国度挪威与冰岛，有集自然和商业为一体的气候舒适的瑞典。

北欧用美丽的自然风光创建了旅行者的必到之地。

这里有欧洲远近闻名的赫尔辛基岩石教堂，它完整地保留了自然地貌，体现了历史的厚重感；这里有北欧热门的景点盖朗厄尔峡湾，它是挪威峡湾中最神秘莫测的地方，拥有飞流直下三千尺的壮丽景观；这里有雪山、湖泊，有星星、蓝天，有与自然和谐相处的一切。

北欧用领先的创新理念构建了奋斗者的创梦天地。

这里是即时通信工具 Skype 的诞生地，它拉近了人们沟通的距离；这里是宜家家居的起航点，它致力于贯彻以人为本的生活理念；这里有技术领先的生物医药公司，它让科学的足迹遍布全球。

# 前　言

创新伴随着人类社会的发展，也促使人类走向更现代化的社会。从定义来看，创新是以更新和发展为目的，在遵循事物发展规律的条件下，对事物部分或者整体的变革性活动，主要包括创新思维和创新实践两个部分[①]。创新思维是创新实践的前提，是寻找新颖独创的解决方法的思维过程；创新实践是创新思维的落地，是为变现创新思维而主动开展的创新行动。在实际的创新实践中，创新可以分为理论创新、文化创新、科技创新、制度创新等方面，理论创新是引领者，制度创新是保卫者，文化创新是支持者，科技创新是突破者。

由于一系列的历史原因，北欧各国在创新方面走在世界前列，它们在文化、经济、教育、社会制度等方面注重创新，较早地建立了与国情匹配的国家创新发展体系，一直以创新闻名世界。本书分为四个部分，分别是北欧简介、北欧创新、案例分析和采访合集，全书以北欧国家的创新为主线，全面地对北欧创新的情况进行了细致描述和深入分析。

第一章为北欧简介，先是对北欧概况进行了描述，然后从北欧神话、北欧五国的历史、北欧经济、北欧教育、北欧创新型组织与机构、北欧文化和北欧社会福利七个方面，对北欧进行了全面介绍。正是因为北欧各方面的情况，北欧创新基因得以延续，北欧的创新发展得以取得巨大的成就，

---

① 曾卓然，韩仁杰，任跃文．企业管理效率、政府补贴与技术创新［J］．统计与决策，2021，37（2）：181-184.

走在世界的前列。具体来看，神话和历史是北欧创新基因的起源，经济、教育、创新机构、文化和社会福利是创新基因得以延续的重要保障。

第二章为北欧创新体系、途径及优势产业，先是对北欧国家构建创新体系的途径作了总结性的分析，然后分别对北欧五国的国家创新体系进行了描述和分析，接着从技术创新、思想创新、食品创新、制度创新、文学创新、教育创新、绿色创新和设计创新八个方面对北欧国家的主要创新领域进行了细致的描述，在每个创新领域都用典型的例子进行分析。全章基于第一章的描述，对北欧创新作出了全面的系统性介绍和深入性分析。

第三章为案例分析，分为创新型国家聚焦分析和代表性企业的创新案例分析两部分。前半部分以芬兰、瑞典和丹麦为典型案例，以第一章和第二章的内容为铺垫，对案例国家的创新进行了重点介绍和分析；后半部分从产品型创新、科技研究领域创新、商业模式创新、效率驱动型创新和工程技术创新五大类型的企业案例入手，列举了音乐流媒体 Spotify、即时通信软件 Skype、通信传奇诺基亚、5G 技术引领者爱立信、汽车制造商沃尔沃、创新设计 Muuto、家装品牌 KLONG、美容品牌 FOREO LUNA、乐园企业乐高、医药大头诺和诺德和乳制品巨头蔚优等 32 个北欧大中小企业的案例，聚焦其企业创新优势展开了深入探讨。

第四章为采访合集。根据本书的创新主体，作者采访了对北欧创新十分熟知的企业科技领域和文化教育领域的相关人士，他们与北欧有着紧密的关联，有的在北欧工作，有的在北欧学习，有的在北欧创业，有的从北欧来到中国。通过对他们采访资料的整理，总结提炼出北欧创新的相关信息，从更多元的视角来看待北欧创新。

全书分四部分内容，以北欧创新为主线，自上而下、由概括到具体地对北欧创新进行了总结。本书的撰写主要基于文献、网页等二手材料的提炼和分析，难免会有不足之处，欢迎大家批评指正。

# 目　录

# 第一章　北欧简介

北欧一直以其创新文化闻名于世，伴随着创新文化而诞生的一系列社会产物成为了北欧的名片。本章主要从北欧组成及发展史、北欧经济、北欧教育、北欧文化、北欧社会福利和北欧神话等方面对北欧进行概括性介绍，从多方面展现北欧的面貌。

## 第一节　北欧概况

### 一、北欧综述

在一般概念中，北欧包括芬兰、瑞典、挪威、丹麦和冰岛这五个地处欧洲北部的国家。它们都是高度发达的国家，紧密相连的历史背景、十分相近的生活方式、与众不同的地理环境，使北欧五国在历史的进程中不断发展。虽然“小国寡民”，但是北欧五国依然形成了独特的竞争优势，在发展水平上长期位于世界榜单前列，与此同时也创造了“世界最高幸福指数”的神话。

从地貌来看，北欧地势总体而言比较低平。具体来看，挪威的地形以山地为主，因此挪威是北欧地势最高的国家；瑞典和芬兰、丹麦接壤，地形以低地为主；冰岛地势较高，海岸山脉、高原火山组成了北欧陆地上的“大碗”。北欧的地形不仅让这片大陆上的人们有着千丝万缕的关联，而且促进了航海、贸易、旅游业的发展。

从地理环境来看，由于地处北极圈附近，北欧各国的自然条件相对恶劣。除此之外，北欧特殊的地理位置造就了北欧人独特的个性特征，内向而低调、智慧而从容，而且对自己的民族尤为自豪。在五国之中，芬兰人身上的北欧特质尤为明显①。

从自然资源来看，北欧有丰富的矿产资源、水能资源、海洋资源、森林资源、地热资源。具体来看，矿产资源以分布在瑞典中北部的铁矿为主，水能资源来源于由众多湖泊形成的天然蓄水库，海洋资源以世界四大渔场之一的“北海渔场”而闻名；森林资源包括湿润气候下十分茂盛的针叶林与牧草，地热资源主要为基于众多火山而开发的多处温泉。这些资源使人们生活富庶、和谐相处，为北欧经济的发展提供了原动力和强基础，让北欧的创新之火生生不息。

## 二、斯堪的纳维亚与北欧

斯堪的纳维亚与北欧是密不可分的。

从地貌类型来看，斯堪的纳维亚是一个半岛；从地区划分来看，斯堪的纳维亚半岛有挪威和瑞典两个国家；从文化政治来看；斯堪的纳维亚融会了瑞典、挪威、丹麦三国的政治和文化；从历史背景来看，斯堪的纳维亚一词现代的用法源自19世纪中叶的“斯堪的纳维亚政治运动”，由于19世纪初的拿破仑战争造成了社会动荡和割裂的严重后果，为了社会稳定发展，国王提倡把丹麦、瑞典和挪威统一成一个王国。

关于斯堪的纳维亚其实我们最熟悉的是一种功能主义的设计风格。白色是斯堪的纳维亚内饰的主要颜色，用标志性的椅子设计、雕塑灯具、皮草制品、柔软的地毯、茶几、扶手椅及一系列天然的材料，配以明亮的点

---

① 杨沐喜．审视北欧模式［J］．科学大观园，2009（8）：45-46.

缀和绿色的细节，打造一种小资氛围。因此，斯堪的纳维亚是我们了解北欧创新必须要知晓的一个概念。

## 第二节　北欧神话

雪山与丛林、较少的人口促使北欧五国形成了独特的人文风格[①]。北欧诸国历史联系紧密，彼此之间文化相互渗透，形成了具有一定共性的文化意识形态。北欧神话起源于公元前后，晚于希腊，是欧洲巫术、童话、传说的起源，包含了宏伟的神话体系，巨人、矮人、精灵、巨龙的传说都由此而来。北欧神话所描绘的恢宏阔大的景致、壮烈纷繁的争斗、悲壮阴郁的命运都与北欧的地理环境、民族历史、生存状态紧密相连，北欧神话中所呈现的一切奇景神性都是对人类生活的反映[②]。

### 一、北欧神话体系

#### （一）三大主神

1. 奥丁

奥丁作为众神之王，享有至高无上的地位，是天的人格化。他是智慧与胜利之神，同时拥有约 200 个别名，每一个名字代表着他的一种本领。作为主神的奥丁敢于与命运抗争，有着不肯认输的精神。他从预见到末日的那天起就在人间用不同的身份发起战争，他将在人间战死的英魂提上英灵殿进行复活和训练，为了末日之战的胜利，他把勇士们扩编到神界的军队中。

---

① 谢宇航，邓菊秋．发达国家地方政府主体税种设置及启示［J］．经济纵横，2014（11）：105-108.

② 孙雨薇，陈琳，王挚馨．神性与人性之歌——浅析北欧神话精神内核［J］．文化学刊，2020（9）：77-79.

2. 提尔

在北欧神话体系中，提尔不仅是司战之神，更是正义与秩序的象征。他是誓言的守护者，也是契约的保证人，代表了古老民族崇尚的正义与勇气，充满了正能量。在神族中，提尔是众神之王奥丁的儿子，也是神族中不可或缺的强大力量。在诸神黄昏中，提尔以大无畏的信念与勇气，与魔族英勇斗争，最终与地狱犬加尔姆同归于尽，以生命捍卫了自己一生所奉行的正义。提尔的精神是古代北欧地区人民对正义与信念的一种寄托。

3. 索尔

在北欧神话中，索尔（又译为托尔）是雷霆与力量之神，司掌风暴、战争、丰饶。作为神王奥丁的长子，他常常以凡人的保护者身份现身，以无人匹敌的大力出名，若其他神族被巨人欺负，索尔的出现就能震慑四方。索尔的力量和他拥有的三件宝物密不可分，第一件宝物是力量无穷大的雷神之锤，第二件宝物是能够增强战锤杀伤力的铁手套安格雷格，第三件宝物是强化索尔自身能力的金腰带。

（二）主要神话

1. 诸神创世

在远古时代，混沌世界的中间有一条宽大无底的金加伦裂缝，冰火交加之下诞生了原始巨人伊米尔。一头名叫奥德姆拉的牛喂养着伊米尔，并舔舐盐柱，诸神之祖波利由盐柱而生，并生下儿子波尔，有了孙子奥丁三兄弟。奥丁、威利和维长大后杀死了伊米尔，用他的躯体创造了世界，他的血变成了海洋湖泊，他的肉变成了土地，他的骨头变成了连绵山川，他的牙齿变成陡峭岩石，他的脑髓变成了白云，他的头骨变成了蓝天。在此之后，诸神们用不同的树枝创造男人和女人，不仅赋予其肉体和灵魂，还给予其理性、动作、感情、仪表和语言①。

---

① 何力．中国神话与北欧神话的符号表征对比研究［J］．湖北开放职业学院学报，2020，33（3）：186-187.

2. 诸神的黄昏

洛基的腐化与堕落引发了诸神的反感，使他和他的孩子们受到了关押与流放。在洛基逃脱之日，他和他的孩子们集结了怪物、死者、巨人一起攻打神界，决战于威格利特平原。奥丁死于魔狼芬里尔口中，索尔死于世界大蛇耶梦加得毒下，弗雷被火焰巨人苏尔特尔刺杀，洛基与守卫虹桥的海姆达尔同归于尽，最终双方全部阵亡，宇宙毁灭，沉入海中并重生，巴尔德尔复活成为新的天主。

3. 北欧幽冥九界的构成

北欧幽冥九界包括阿斯嘉德神界、华纳海姆神界、亚尔夫海姆精灵之国、中庭人界、约顿海姆巨人国、瓦特阿尔海姆侏儒之国、尼福尔海姆冰雾之国、穆斯贝尔海姆火之国、海姆冥界①。

## 二、北欧神话的精神内核

茅盾曾在《北欧神话》中这样描述：是这样的寒冷和温暖的强烈的对照！无怪原始的冰岛人会设想到这宇宙是火与冰的奇怪地混合着而创造成的了。一个民族在神话创造时期所建构的精神架构不仅具有原生性，还能衍生为该民族精神中最为稳定、最为持久的元素。正如盘古开天辟地缔造了中华民族坚忍不拔的基因，每个民族的神话故事与该民族内在的精神气质、传统美德总是融会贯通的。因此，通过对北欧神话精神内核的探索和感受，可以了解北欧人的生活理念和民族气质，也可以进一步感受其中反映的智慧和力量②。

（一）以神话展现人性本质

众所周知，神话在一定程度上反映了人类的生产活动和生活实际。在北欧神话中，诸神的“神性”亦是北欧先民的“人性”，它们富有智慧、才华横溢，但也各有缺点；它们能量强大、披荆斩棘，但也会衰老、死亡。

---

① 龙骑．冰雪之国的热情——北欧诸神故事［J］．今古传奇（奇幻版上半月版），2005（5）：144-147.

② 姜明文．探寻北欧神话的“维金精神”意蕴［D］．长春：东北师范大学，2005.

（二）积极向上的生命观

北欧神话中不仅有诸神创世带来的生命之光，也有末世战争展现的生命脆弱，这反映出北欧先民对生死的认知与思考，体现了一种积极的生命观。在北欧神话中，诸神自诞生之日起就知道命运终将消亡，于是接纳生命的有限性，通过一系列努力和抗争，旨在延迟毁灭之日的到来，用乐观的光芒照亮美好的未来，以向上的态度探寻生命的价值所在。

（三）美好道德的养成和持续

北欧先民将道德层面的荣誉奉为最高生存理念，包括善良、勇敢、忠诚、守信、慷慨等一系列优秀品质。他们通过对道德荣誉的恪守与坚持，实现人与集体的和谐共生、平衡发展，并将这份精神从早期的北欧一直延续到近现代的欧洲，实现了美好道德的养成和持续。

（四）女性力量的突出和认可

在北欧神话中，女性的力量一直很突出，也一直被认可。女性不仅能够生儿育女、照料家庭，还擅长参与众神事务，完美平衡家庭和事业，因而在家庭和社会中都拥有相当重要的地位。这些有效地体现了北欧神话中女性的地位，更完美地展现了北欧先民在早期便拥有和践行的男女平等意识。

## 三、北欧神话与希腊神话的对比

（一）希腊神话体系简介

希腊神话是欧洲最早的文学形式，与北欧神话一样，是原始社会的精神产物。整体来看，希腊神话体系主要由三代神祇、其他神祇和人类组成，其中为人熟知的是居住于奥林匹斯山、以宙斯为代表的奥林匹斯众神。希腊神话中有14位主神，分别是：代表着宇宙、雷霆的天帝宙斯；代表着婚姻、生育的天后赫拉；代表着海洋、马匹的海皇波塞冬；代表着农业、谷物的德墨忒尔；代表着光明、预言、艺术、诗歌与医药的阿波罗；代表着狩猎、大自然、野兽的阿尔忒弥斯；代表着战争、兵灾、尚武精神、战车比赛的阿瑞斯；代表着智慧、艺术、女红的雅典娜；代表着火焰、铸造、手工的赫菲斯托斯；代表着美丽、爱情、性欲的阿佛洛狄忒；代表着神使、旅行、商业、小偷的赫尔墨斯；代表着酒、葡萄、狂欢的狄俄尼索斯；代表着炉灶、火焰的赫斯提亚；代表着冥王、死人灵魂的哈迪斯。

（二）北欧神话与希腊神话的对比

北欧神话与希腊神话都属于欧洲神话体系，但是北欧神话的影响力和保存完整性都不及希腊神话。总体来说，北欧神话的精彩之处在于神有生命限度，更加现实和残酷；希腊神话的精彩之处在于神有七情六欲，具有浪漫主义色彩。北欧神话与希腊神话截然不同，神是故事的绝对主角，世界保持着一种混沌的守恒感。

从主神来看，希腊神话的宙斯和北欧神话的奥丁是众神之父，都是宇宙之人格化，奥丁具有眼观世界的能力，宙斯也能够审视世间发生的所有事情；奥丁有不可见形的利矛，宙斯有所向无敌的雷锤。两种神话体系中的众神在喜好方面有所区别，北欧神话中的神与北欧人一样喝羊乳、吃狼肉，但是希腊神话中的神喜欢喝甜酒、擦脂膏，生活十分舒适和理想化。

从神与世界的关系来说，北欧神话中众神仅仅掌管着属于自己的那一部分世界①，而在希腊神话中神是世界的绝对主宰，主神各司其职，掌管世界秩序。

从神与神之间的关系来说，北欧神话体系中存在九个平行世界，各个世界和平相处、互不干扰，而在希腊神话中，神族经历了三代变迁，激烈的内战时常爆发②。

---

① 陈孟莹. 中国古代神话与希腊神话比较［J］. 文化学刊，2019（8）：239-241.

② 欧洲常识——北欧神话与希腊神话的主要区别是什么？［EB/OL］. https：//m. tingclass. net/show-8492-463625-1. html？gf.

# 第三节　北欧历史

从历史来看，虽然北欧国家没有西欧和东欧国家那样悠久的历史，也没有如中国一样丰硕的古代文明和文化传承①，但是其发展历程之短、发展进度之快不禁让人称赞，本节以芬兰和瑞典为例进行回顾。芬兰历史上长期处于异族统治之下，直到十月革命后才成为独立的国家，且芬兰在二战中遭受重创，这样的历史使得芬兰人民的基因中带着自立与自强。瑞典的国家发展与芬兰有异有同，依赖于丰富的矿产资源和木材资源，瑞典工业从 19 世纪开始发展，二战促使瑞典建立了完善的社会福利体系，为国民的生活和发展提供了全面的保障。

北欧各国近代的发展都与二战息息相关，历史上少有战争、地处欧洲边缘、小国寡民、资源丰富和平等理念使北欧国家走上了一条不同于其他欧洲国家的发展道路。北欧是一个高寒、高税率、社会单调的地区，社会标准与社会上的大多数人相匹配，大多数人对生活的满意度都很高，因此北欧五国的基尼系数平均值都在 0.25 左右，全部位列全球最幸福国家前十。

## 一、芬兰历史

芬兰的历史起源于一万多年前，在宣布独立之前，芬兰历经原始公社制度的变革废除、瑞典六个世纪的统治和沙皇俄国一个多世纪的统治。随着俄国爆发十月革命，芬兰于 1917 年 12 月 6 日宣布独立，并于 1919 年成立芬兰共和国。在二战中，芬兰起先是被侵略国，后来加入德国纳粹成了侵略国，在战争结束后也并未接受马歇尔计划的援助。1944 年，冬季战争

① 王冬．北票市农村妇女政治参与的提升对策研究［D］．大连：大连理工大学，2015.

和继续战争的指挥官卡尔·古斯塔夫·埃米尔·曼纳海姆当选了芬兰总统。苏联衰落之后，芬兰逐渐摆脱了苏联的影响，于 1995 年加入欧盟，发展成为一个发达国家（见表 1-1）。

表 1-1　芬兰历史

| 历史阶段 | 具体事件 |
| --- | --- |
| 瑞典的统治 | 芬兰所在地在 9000 年前就开始有人居住。12 世纪，瑞士进攻芬兰取得胜利，开始进行东征、土地划分。在北欧内战的 1397 年，卡尔马联盟在玛格丽特的操控下组建，由此开启近 130 年的统治序幕 |
| 沙俄的控制 | 1710 年左右，沙俄在三年内迅速征服了整个芬兰，使瑞典对东波罗的海的统治从此土崩瓦解。此后，双方矛盾不断、战争不停，经历了战火纷飞却又快速发展的 17 至 18 世纪。直到 1809 年末，协约的签订使芬兰成为了彻底的芬兰大公国。同时，在沙俄统治期间，芬兰将赫尔辛基作为芬兰新政治、文化中心的建设策略 |
| 民族意识的觉醒 | 在历史上分别经历了瑞典和沙俄的长期控制以后，《卡勒瓦拉》的发表标志着芬兰的民族意识正式觉醒。此后，芬兰各类文学家、音乐家创作了无数作品，使民族热情进一步升华，民族意识不断增强。19 世纪初，积极的立法工作在芬兰兴起，芬兰的政治生命翻开了崭新的一页，工商业也获得了不小的发展。此后，虽然又受到了沙俄的压迫，但最终走向独立，发展成了一个人民富裕、福利体系完善、拥有世界主义价值观的发达国家 |

## 二、瑞典历史

瑞典所处地理位置上的冰川于公元前 4000 年时才消失殆尽，此后第一批丹麦移民开始来到瑞典。在经历了一系列的社会变革和发展以后，统一的瑞典王国于 11 世纪初步形成。在随后的历史长河中，瑞典曾强行将芬兰变成公国，被丹麦入侵后将丹麦女王玛格丽特奉为瑞典国王，并于 14 世纪末与挪威、丹麦两国结为联盟，后续经历了一系列的变革，在社会制度、工业产业、法律法规等方面不断发展和进步。1813 年，瑞典参加第六次反法联盟，在与丹麦的战争取胜后，迫使丹麦割让挪威，于 1814 年成立了挪威—瑞典联盟。自此以后，无论是一战还是二战，丹麦一直以中立的态度，坚持不卷入纷争、不参与结盟。二战结束后，瑞典社会快速发展，于 1946

年加入联合国，1950 年与中国建交，1959 年参加欧洲自由贸易联盟，最终发展成为一个教育高度普及、高福利的发达国家（见表 1-2）。

**表 1-2 瑞典历史**

| 历史阶段 | 具体事件 |
|---|---|
| 国家的形成 | 传教活动的盛行使瑞典于 12 世纪重塑了社会结构，逐渐形成和发展为一个国家。12 世纪后期，瑞典通过教会机构的建立、世俗政权的独立、法律神学的学习等方式摆脱丹麦的控制。1389 年，玛格丽特顺利成为三个北欧王国的女王，八年后由丹麦、瑞典和挪威三个王国组成的卡尔马联盟正式成立。随着北欧卡尔马联盟的崩溃，瑞典成为了一个主权国家。此后，国王对世俗和教会都有统治权 |
| 军事的建立 | 1560 年埃里克十四世继位后，1611 年的卡尔马战争发生后，瑞典失去了对卡尔马的控制。此后，瑞典致力于军事实力的增强，于 1614 年与荷兰签署军事同盟条约后，瑞典有足够强大的力量抵抗丹麦的进攻。在欧洲三十年的战争中，瑞典是获益国，不仅收复失地、扩张领土，而且获得前所未有的军事和政治地位，然而这些地位马上又因为战争而丧失。随着专制制度的落幕，瑞典的自由时代到来 |
| 近现代的发展 | 同丹麦和挪威一样，瑞典在一战中对各交战国保持中立态度，瑞典利用战争中两方敌对势力对物质资源的需求，在外交和贸易中寻找平衡。第二次世界大战中瑞典依旧宣布中立，二战结束后瑞典的社会凝聚力大大增强，社会福利制度扩展到整个社会。瑞典强大的工业部门对社会福利制度的发展起到了不容小觑的作用，沃尔沃、爱立信和宜家等企业的快速发展使瑞典的经济实力越来越强 |

## 三、丹麦历史

丹麦在 13 世纪之前通过航海等技术进行发展，并于 14 世纪末与挪威、瑞典两国结为联盟，随后经历了一系列大大小小的战争，但情况并不如意。因此，为了避免国力一再削弱，丹麦在七年战争、英法战争和法国大革命初期都保持中立。为了缓解财政紧缺的问题，丹麦实施了一系列制度变革，开始发展外贸。19 世纪末，丹麦工业迅速发展，造船、电信和制造业开始具有一定规模。与芬兰和瑞典一样，丹麦在一战期间保持中立，在二战初期也保持了中立，但在二战期间展开了反法西斯和本国纳粹分子的斗争。二战结束后，丹麦于 1947 年接受了马歇尔计划的援助，于 1948 年加入欧洲经济合作组织，1950 年与中国建立外交关系，一直积极发展与国际社会的合作（见表 1-3）。

**表 1-3　丹麦历史**

| 历史阶段 | 具体事件 |
| --- | --- |
| 卡尔马联盟时期 | 丹麦的历史始于维京时代，1375 年在丹麦国王去世以后远嫁挪威的女儿玛格丽特立马回国，凭借着自身的能力，通过土地置换、买通贵族等方式将五岁的儿子顺利推上了王位，开始掌握实权。在其儿子去世以后，玛格丽特召集丹麦、挪威、瑞典三国代表正式建立卡尔马联盟，该联盟维持了 126 年后解散 |
| 与瑞典的对峙 | 丹麦和瑞典在历史上长期处于对峙状态，总体来说可分为三个阶段。第一阶段以 1563~1670 年的北方七年战争和 1611~1613 年的卡尔马战争为标志；第二阶段被卷入中欧的三十年战争，丹麦受到瑞典的重创；第三阶段于 1720 年结束，最主要的两场战争是斯康纳战争和大北方战争 |
| 近代的发展 | 19 世纪上半叶，丹麦在工业革命的影响下，国内资本主义快速发展。第一条汽轮航线开通和第一段铁路开通为丹麦的发展打下了良好的交通基建基础。在两次世界大战中，丹麦均保持相对中立的态度，并在大战时期进行快速发展，迅速发展的丹麦工业在欧洲市场中找准了自己的位置，以丹佛斯集团、乐高玩具、穆勒集团和新北欧制药公司为代表的工业企业发展迅速，使丹麦的国家竞争力越来越强 |

## 四、挪威历史

挪威在 9~11 世纪的北欧海盗时期，一直不断扩张，发展至鼎盛态势。11 世纪中期，随着“北海大帝国”的瓦解，挪威陷入了争夺王位的纷争动乱之中，这份动荡和波折一直持续到 13 世纪中叶统一的挪威封建国家形成才有所缓和。14 世纪中叶，由于疾病、饥饿等问题，挪威的国力开始衰弱，并于 14 世纪末与丹麦、瑞典两国结为联盟，由丹麦统治。挪威的独立运动从 19 世纪初开始，由于一系列的封锁在一段时间内处于自治状态，随后为了解决饥饿和经济困难，人口大量外迁。1947 年，挪威接受了马歇尔计划的援助开始恢复经济，1949 年加入北大西洋公约组织。1954 年，同中国建立外交关系，并在石油等领域快速发展至世界领先地位（见表 1-4）。

表 1-4 挪威历史

| 历史阶段 | 具体事件 |
| --- | --- |
| 挪威王国的盛世 | 在公元 1000 年之前，挪威是北海大帝国的一部分，随后挪威王国开启了盛世。冰岛、法罗群岛和挪威本土有着密切的经济和文化联系，在 1262 年之后皆属于挪威，国家强大的力量促使挪威的发展。1375 年后，玛格丽特王后利用自己在挪威的地位及儿子丹麦王位的继承权，开始探索将丹麦、挪威、瑞典联合起来的政治道路，依靠自己卓越的政治能力和灵活的外交手腕，建立了三国联盟 |
| 沦为瑞典与丹麦的筹码 | 挪威曾在历史上卷入丹麦与瑞典的斗争，还曾屡次被划入瑞典的统辖范围。1645 年瑞典军队战胜后，丹麦将挪威的两个边区耶姆特兰和海德尔割让出去换取和平 |
| 在独立中亦步亦趋 | 19 世纪初，挪威在国家发展中遇到了经济问题，由于挪威境内不适合进行农业生产，因此粮食的产量无法满足人们的日常需求。二战后的挪威同大多数欧洲国家一样，接受马歇尔计划，加入北大西洋公约组织，并入欧洲共同边境区，享受着欧洲一体化的经济红利 |

## 五、冰岛历史

历史上最早定居冰岛的是殷格·亚纳逊一行维京人，13 世纪中期至 19 世纪初期，冰岛成为挪威的一部分，随后挪威被丹麦统治。冰岛独立于 1918 年，且在 1944 年成立共和国。在 20 世纪前，冰岛人主要以渔业和农业为生，随后由于渔业工业化和二战后马歇尔计划的援助，冰岛迎来了经济社会的繁荣，在 20 世纪 90 年代发展成了世界最发达的国家之一。在此后的发展中，冰岛坚持多元化的发展，经济水平位居世界前列（见表 1-5）。

表 1-5 冰岛历史

| 历史阶段 | 具体事件 |
| --- | --- |
| 挪威王室的控制 | 冰岛人在公元 930 年建立起世界上最早的民主议会制，由于挪威国王的经济封锁，冰岛人改信基督教，但是此后挪威王室变本加厉，不断扩大对冰岛的政治影响。1397 年，北欧三国成立以丹麦为主体的卡尔马联盟，冰岛跟随挪威成为丹麦王室的属地 |

续表

| 历史阶段 | 具体事件 |
|---|---|
| 历史中的至暗时刻 | 冰岛在18世纪进入了历史上最为至暗的时代，火山大爆发使冰岛伤亡惨重，整个冰岛的农业根基几乎被摧毁，冰岛陷入了全面饥荒的至暗时刻。此后，经历生死的冰岛人开始民族觉醒，一批启蒙思想家著书立说，大力宣传冰岛独立思想，民族企业和城镇开始兴起 |
| 近现代的发展 | 冰岛凭借对周边200海里范围内的渔业资源的垄断，实现了国家的初步转变。如今，冰岛实现了由落后农业国向发达国家的转变，独有的极地火山景观成为了旅游事业的重要部分，各种社保和社会福利制度十分完善，是作家比例和产量位居全世界第一、全球人均获得诺贝尔奖数量最多、全球性别最平等的国家，冰岛也成为世界上幸福指数最高的国家之一 |

## 第四节　北欧经济

虽然北欧地理位置较偏远，但是北欧五国的经济竞争力、科技创新力位于世界前列。北欧五国在世界经济论坛全球竞争力排行榜和经济学人信息部调查的全球最具创新力的国家排行榜中位居前列，表现十分惊艳。以2017年为例，挪威和冰岛的人均GDP在7万美元以上，瑞典和丹麦的人均GDP在5万美元以上，芬兰的人均GDP超过了4.5万美元①。这样的经济水平与一些世界大国相比也毫不逊色，甚至领先一头。比如，日、法、德、英四国的人均GDP在3.8万~4.5万美元，北欧五国均高于四国水平。北欧人民高品质的生活也是经济竞争力和科技创新力很好的体现，使北欧成为了人人向往的秘境。为什么北欧五国能成为各国的发展标杆，具有如此巨大的经济优势呢？

### 一、小国寡民成开放契机

北欧五国的人口只有2700万左右，面积最大的瑞典与中国黑龙江省差

① 陆璐．北欧青少年核心价值观教育研究［D］．南京：东南大学，2019.

不多。小国寡民的特点让北欧五国都意识到了开放的重要性，正如《维京宣言》所说的，小国寡民本来是缺点，但因为人口少，本土市场小，这成了激发他们往外看的动机①。北欧五国都非常国际化，人们的语言学习能力、文化融合能力、新事物接受能力都很强，而且北欧国家十分重视外贸合作，通过大量的外贸获取了大量收益，助力了经济的发展。

### 二、知识经济造教育优势

北欧一直坚持重视教育、鼓励创新、支持创业的国家战略。北欧五国对教育领域的投资巨大，致力于用高素质的教育来促进社会的创新发展。除此之外，北欧五国对科研的投入也十分可观，不仅高于欧盟的平均水平，而且远远超越英、美、德等国。比如，丹麦北方的奥尔堡在无线通信网络领域的研究十分领先，因此吸引了来自全球的人才助力科技事业的发展。总体来看，因为知识经济的发展，北欧在电信、重工、军事科技、汽车业等方面的科技实力十分强劲，以爱立信、诺基亚、沃尔沃、萨博等品牌为代表的北欧创新企业在世界范围内颇有影响，持续不断的研发和深耕教育的理念为这片土地的创新种下了生生不息的火苗。北欧五国凭借对教育和研发的投资，从资源依赖型国家逐渐发展成了知识经济主导型国家。

### 三、全面福利促社会稳定

作为典型的高社会福利国家，家庭幸福、身体健康、人际关系良好是北欧人的快乐来源，他们对财富的态度都非常适中。整体来看，从孩童到老年，全面的社会福利带来了安稳的社会环境，为创新的发展奠定了良好的基础。在北欧国家维持和进一步发展社会福利面临重大挑战的背景下，北欧部长理事会于 2013 年秋季决定任命一个工作组，制定支持北欧国家社会创业和社会创新的政策。这一决定的主要目的是增加对北欧区域社会

---

① 林孟仪．北欧五国：小国大智慧［J］．党政干部文摘，2007（12）：43-44.

企业家精神和社会创新的政策的了解和支持，以便将弱势群体纳入就业和社会保障中。

除此之外，北欧国家一直坚持开放的态度，随着社会的变革和社会福利制度的不断完善，它们在劳动力市场改革、养老制度改革、医疗卫生改革等方面提升了服务，扩大了规模，促进了“以工作为荣、以懒惰为耻”的社会文化的形成，进一步推动了北欧高福利国家的可持续发展①。

### 四、分配机制展现社会公平

北欧公平的社会分配机制保障就业者具有创新发展的原动力，换句话说，北欧的社会分配机制保障了社会资源和成果能够公平公正地加以分配。每个人都公平公正地得到了社会保障，并因此更加努力地工作，以创造更多的社会价值。与此同时，针对失业者的鼓励政策和保证金等体现了北欧各国在社会制度上的改革，也为其可持续发展提供了支持。总体来说，北欧公平的社会分配机制并不是养懒人的社会制度，而是促进社会经济发展的制度。

## 第五节　北欧教育

一个地区的教育水平与其经济发展水平高度相关。北欧各国均为发达国家，经济水平处于领先地位，因此各国对教育事业的发展也十分重视，其在19世纪初便实行了义务制教育②，高等教育的普及率位于世界前列。北欧不仅有众多有着百年历史的世界名校，也有注重创新和充满活力的新兴大学。

---

① 财政部国际司调研组．北欧福利国家如何保持经济活力［J］．中国财政，2013（17）：65-68.

② 张彭．高新区应成为高端人才集聚的高地——第十五届中国高新区协会人力资源开发工作委员会年会侧记［J］．中国高新区，2011（11）：42-45.

## 一、芬兰幼教

### （一）福利政策完善化

完善的福利政策化为幼儿教育的发展提供了坚实的保证①，芬兰的所有儿童都可以获得政府补贴。对于幼儿，有对未成年儿童全覆盖的儿童福利补贴；对于父母，有女方产假、男方护理假、产后父母假等假期政策。此外，为了让幼儿能够有父母的陪伴，也为了父母能够安心育儿，政府设立了家庭照顾补贴，为需要照顾 3 岁以下幼儿、每周工作时间低于 30 小时的全职父母提供相应的保障。一系列完善的福利政策为幼儿接受良好的照顾打下了坚实基础，进一步促进了芬兰幼教的发展。

### （二）教育机构多样化

芬兰的幼教体系分为 0~6 岁和入学前两个阶段。在第一个阶段，孩子们在各类由政府提供资金补助的幼儿保教机构接受教育，有政府开办的公立日托中心，有可覆盖全托和半托等需求家庭的日托机构，有包括游戏小组、学前班、流动幼儿园、特殊教育中心等多种教育活动的幼儿教育机构。在第二个阶段，孩子们就读于学前学校，这是针对 6 岁幼儿进行学前教育衔接的机构②，能够为孩子进入小学教育阶段做好准备。

### （三）教育队伍专业化

除了完善的福利政策和多样的教育机构，师资力量强大的幼教团队也为芬兰幼教的发展提供了不可忽视的重要力量。为了确保教育队伍的专业化，芬兰制定了相关教育法，规定学前教育的教师必须经过研究生教育，并且取得教师资格证。因此，芬兰的幼教团队在知识、技能、情感方面都接受过专业化的培训，老师们对教师角色、教育理念和职业道德规范有清晰的认知，能够有动力地提高自身的教学能力和教育素养，有意识地保持对幼儿需求和面临问题的敏感性，因此形成了一支拥有教学热情、学习能力和创新理念的队伍。

---

① 王金花．关于芬兰幼儿教育对我国幼儿教育改革的启发［J］．时代教育，2016（22）：249.

② 赵珂珂．芬兰幼儿教育对我国幼儿教育改革的启示［J］．大众科技，2015，17（7）：130-132.

（四）教育资源均衡化

芬兰的教育始终坚持教育公平原则，旨在尊重和保护儿童，让每一个孩子都能享受同等的教育资源。因此，不论是特殊儿童还是普通儿童，不论是在大城市还是在小乡村，芬兰政府保证了每个幼儿享有平等的教育机会、同等质量的教育资源。这样的教育公平使芬兰幼教能够更全面地发展，使每一个芬兰人从小就能享受到良好的教育，提升了全民的素质。

（五）以学生为中心，提倡全面发展

“以学生为中心，提倡全面发展”是芬兰幼教的核心理念，这种理念希望每个孩子能够在保留个性特征的基础上全面、均衡地发展。为此，在芬兰幼教过程中，教师充分尊重每一位幼儿的个性特征和身心发展特点，为每一个孩子制订专属的教育计划，提供具有高度匹配性的幼儿教育，让每个孩子发挥自身优势，挖掘自身潜能，得到全面的发展。除此之外，芬兰幼教还营造了轻松、愉快的学习环境，强调教育的知识启蒙作用，规避竞争性氛围，使孩子们的身心能够得到全面、健康的发展①。

## 二、芬兰教育改革

芬兰一直拥有一流的教育体系，随着社会、科技和经济的发展，学习环境、未来市场劳动力的需求出现了变化。在这样的背景之下，芬兰又迎来了一场以横贯能力和现象教育为关键的教育改革。芬兰国家教育委员会对课程进行了改革，其目的是让学生具备七大横贯能力。横贯能力指的是一种综合素质，能在各个领域产生作用。这样的综合素质能力可以保证学生在毕业以后能够处理生活与工作中的各种需求。芬兰教育界期待新的基础教育核心课程纲要实施后，学生们的七种能力能够获得显著提高，进而适应未来社会的发展②。

---

① 蓝映红．浅析如何提升幼儿园区域活动的有效性［J］．课程教育研究，2019（8）：21.

② 卞晨光．芬兰新一轮教育改革：着眼未来国民素质和能力［J］．教育家，2016（36）：16-19.

（一）七大横贯能力

1. 思考与学习的能力

规避教学的局限性，提供更广阔的空间让学生进行自主思考和自主学习，提倡学生自主探究，形成良好的思考和学习习惯。

2. 文化素养、沟通与自我表达的能力①

提倡学习不仅是知识的学习，更是文化素养的提升，通过教育培养学生对多元文化的适应能力，以及在不同环境下的沟通与自我表达能力。

3. 照顾自己、日常生活技能与保护自身安全的能力

教育具有知识的传授和实践技能的培养二重耦合作用，通过教育使学生的自理能力、人际关系处理能力等有所提升，并且在生活中时刻保持积极心态。

4. 多元识读能力

教育资源的多样化需要学生具备多元识读能力，通过各种途径培养学生对文字、图像、音频和多元化媒介的接受和理解能力，提升道德审美和批判思维能力。

5. 信息技术能力

在互联网科技迅速发展的背景下，信息技术能力是每个人必备的基础技能，通过计算机课程，以及信息技术在各个学科中的全方位渗透，培养学生的信息技术实践能力。

6. 工作生活能力与创业精神

通过各类创新创业项目和活动让学生对实际的工作生活有切身的体会和亲身的体验，对未来工作和创业有一定的认识和了解，这对学生的职业生涯发展具有重要意义。

7. 参与、影响和构建可持续发展未来的能力

可持续发展是一个全球化的理念，通过实践活动的深入参与、现实社会的深刻体验，促使学生养成可持续发展的思维模式，形成积极参与公共

① 郭华．项目学习的教育学意义［J］．教育科学研究，2018（1）：25-31.

事务的健康心理，心怀大爱、心有未来。

（二）学科教学与现象教学齐头并进

现象教学是指学生从老师给定的生活场景中选择一个主题，对其进行讨论，并研究出一个具体的、有针对性的教学计划。计划中应当包含研究内容、涉及学科、教学方法等，形成一个完整的教学模块，然后由师生合作完成。

PBL包括基于项目的学习（Project-Based Learning）、基于问题的学习（Problem-Based Learning）、基于过程的学习（Process-Based Learning）。现象教学是PBL教学的新“成员”，其英文名为Phenomenon-Based Learning，将孩子的学习重点由学术层面上升到社会层面，建立起一种有责任感与使命感的思维模式。

现象教学的核心是跨学科横向教学，它的亮点是让学生做学习的主人。传统的教学是以老师为主导的一种被动的学习状态。现象教学从一开始学生就要参与学习内容的选定，还要参与学习方式、课程设计等的选择。老师在其中只是起到帮助及指导的作用。这样的学习过程是一种“我要学什么，然后去学”的状态。

总的来说，现象教学的优点是具有很明确的目标，能做到所学即所用，能大大提高学生的学习热情①。

## 三、北欧高等教育

（一）芬兰高等教育体系

芬兰的教育水平非常高，大约33%的芬兰居民接受过高等教育，仅次于44%的加拿大、38%的美国和37%的日本。芬兰的高等教育体系包括14所大学和26所应用科技大学，前者的使命是进行科学研究，为本科生和研究生提供教育；后者强调与商业、工业和服务业等社会实践的联系，培养的人才更具职业特点。芬兰的著名高校有赫尔辛基大学、阿

① 魏宁．芬兰“现象教学”管窥［J］．中国信息技术教育，2019（1）：17.

尔托大学、图尔库大学、坦佩雷大学等①，其中最有名的和最具代表性的是赫尔辛基大学，它是世界名牌大学、欧洲研究型大学联盟成员之一，为芬兰乃至欧洲输送专业人才，对芬兰具有重大意义，它的校旗便是芬兰国旗。

（二）瑞典高等教育体系

瑞典的高等教育体系十分发达，有 40 余所高等院校，综合性院校包括排名前列的斯德哥尔摩大学、哥德堡大学、乌普萨拉大学和隆德大学等；专科类院校提供专业化程度更高的教学，如瑞典皇家理工学院和斯德哥尔摩经济学院②。瑞典的高等教育分为本科、硕士和博士三个阶段，同时也有本硕连读的情况，学士学位、硕士学位、博士学位分别要求 120 个学分、160 个学分和 160 个学分。瑞典高等教育的课程有授课制、讨论制、实习制，也有大课和小课之分，无论什么形式的课程，对学生的参与度都有很高的要求。瑞典高等教育的考核制度兼顾了学习能力和综合能力的双重检测，因此考核的方式十分多样化，学生要认真对待课程并用心复习才能通过课程考评。总体来说，瑞典的高等教育具有职业化、专业性强、不注重排名等特点。

（三）丹麦高等教育体系

丹麦的高等教育在全世界处于领先水平，多次位列 U21 全球各国高等教育体系排名北欧第一、世界第三，比较有影响力的大学有哥本哈根大学、丹麦技术大学、奥胡斯大学和奥尔堡大学等。其中最有名的是哥本哈根大学和丹麦科技大学。前者是北欧第一名校、世界 Top30 顶尖研究型大学，有着 500 多年的悠久历史，是丹麦享有国际声誉的教育和科研机构，也是最顶尖的综合性大学；后者则是欧洲顶尖工科大学、世界上最古老的科技学校之一，成为丹麦高级工程技术人员的培养摇篮，是北欧五所知名理工大学之一。除此之外，欧洲最优秀的商学院之一哥本哈根商学院在商学人

---

① 姜圣瑜．农业国转身高科技经济体的“快进键”［N］．新华日报，2009-10-15（A02）．

② 徐伯良．瑞典高等教育 and 中国留学生［J］．中国研究生，2003（6）：18-20.

才的培养上也贡献出了力量。

（四）挪威高等教育体系

挪威被称为“极圈之国”，是世界上离北极顶点最近的国家。村上春树的《挪威的森林》是人们印象中最深刻的挪威。挪威著名的大学有奥斯陆大学、卑尔根大学、挪威科技大学等。挪威的高等教育直接由挪威中央政府负责，以公立教育为主，主要分为大学、学院和私立学校三类。大学主要从事理论科目，提供学士、硕士及博士等学位，同时也为学生提供法律、医学等专业学位的学习。学院提供广泛的教育选择，包括学士、硕士及博士学位，以及工程学、教育学、护理学等职业学位。私立学校通常专注于部分科系，如管理学、市场营销、美术等①。

（五）冰岛高等教育体系

相较于丹麦和芬兰，冰岛的高等教育体系较为简单，高校数量也较少，其中最有名的便是冰岛大学。由于全球化进程的加快和文化交流的逐渐频繁，冰岛的大学一直致力于吸引更多的国际生和交换生，以促进冰岛与外界的交流。为了满足大量留学生的学习需求，冰岛政府设立了完整的学习支持体系。对于学费，公立大学的注册费免费，私立大学则收取部分费用，总体来说性价比很高。冰岛大学以教学的高质量和学风的高严谨程度在教育界闻名，地质科学领域的火山地震研究②、医学领域的基因医药研究、IT领域的计算机应用和软件开发技术、文学领域的冰岛文学等学科领域的发展位于世界前列③。

## 四、诺贝尔奖

（一）诺贝尔奖的来历

诺贝尔奖在全球科技进步和文化交流方面扮演着重要的角色，它的诞

① 冯惠敏，郭洪瑞，黄明东．挪威推进高等教育质量文化建设的举措及其启示［J］．高等教育研究，2018，39（2）：102-109.

② 陈静．来自冰火之岛的启示——冰岛义务教育段学校的心理健康教育研究［D］．武汉：华中科技大学，2011.

③ 冰岛大学院校简介［EB/OL］．［2022-10-25］．https：//m. liuxue86. com/a/4387410. html.

生与诺贝尔的第三份遗嘱关系密切。诺贝尔在他生命的最后几年，先后于1889年、1893年和1895年立下了三份内容相似的遗嘱，最终公布于众且生效的是第三份遗嘱，遗嘱中最重要的内容便是诺贝尔将毕生全部财产用于设立奖励基金，并指定了相应的四个评奖机构。物理和化学奖由瑞典皇家科学院评定（1968年增加经济学），生理学或医学奖由皇家卡罗林医学外科学研究院评定，文学奖由瑞典文学院评定，和平奖由挪威议会选出的五人委员会评定。此外，每个奖项都有专门的委员会负责相应奖项的具体评选工作[①]。

（二）诺贝尔奖的作用

诺贝尔奖是北欧创新精神的风向标，它使每年寒冬的北欧萦绕着喜庆的氛围，来自世界各地的诺贝尔奖候选者们盛装出席颁奖典礼，在斯德哥尔摩音乐厅里手捧奖杯欢喜雀跃。凭借这得天独厚的优势，诺贝尔奖的诞生地瑞典一直是一个具有创新精神的国家，30多名获得诺贝尔奖的科学家在这里诞生，在自己的国土上与全世界人民一起分享快乐。与此同时，这种创新的快乐氛围也在潜移默化地影响着瑞典人和他们的北欧邻居，使得北欧的创新精神绵绵不绝。诺贝尔博物馆位于瑞典首都斯德哥尔摩市的中心老城，增进了人们对这位充满矛盾的科学家及实业家的了解。

## 五、北欧高校介绍

北欧地区的高等教育处于世界领先水平，有近400所高等院校，能够为学生提供全程的高质量教育。除了高等教育，这些高校也开设了中短期的职业技术培训课程和成人教育课程。北欧的高等院校可分为大学和学院两个不同的层次，前者提供高等教育课程，并引领各学科领域的研发工作；后者则侧重于高等职业课程的开发。在教育经费方面，各国政府负担了绝大部分，对高等院校的教育进行资助。同时，高等院校还通过提供特殊的培训课程和在研究领域与企业共同合作，来获得更多的资金以促进教

① 诺贝尔奖是怎样评选出来的？［J］．当代学生，2004（23）：50-51.

育的发展。

（一）芬兰——赫尔辛基大学

赫尔辛基大学位于芬兰首都赫尔辛基，是一所世界一流大学，是全球大学高研院联盟、国际大学气候联盟、欧洲研究型大学联盟成员。赫尔辛基大学共有四个校区和分布于芬兰各地区的 17 个研究所。赫尔辛基大学与世界上许多名牌大学建立了学术合作关系，拥有若干独立的研究所和一些专门的服务机构，包括理论物理研究所、地震研究所等。赫尔辛基大学注重多学科多元化发展，现有 11 个学院涉猎各个学科领域，是芬兰专业设置最全的一所综合性大学。目前，全球化的发展使该校的办学方针开始走向国际化[①②]。

赫尔辛基大学的学生会也是其一大特色。如果你想拥有北欧留学生活的最完整体验，最佳方式便是加入学生会。赫尔辛基大学学生会成立于 1868 年，至今已有一百多年的历史，是世界上最富有和最活跃的学生组织之一。从 19 世纪欧洲民族主义运动，到 20 世纪 60 年代的新左派运动，迄今为止赫尔辛基大学一直是学生的政治活动中心。在赫尔辛基大学学生会，数亿欧元的资产为各类学生社团的活动提供了强有力的支持。在这里，学生社团的权益由大学法案来保障，有着特殊的法律地位。

（二）芬兰——阿尔托大学

阿尔托大学位于芬兰，由顶尖理工类院校赫尔辛基理工大学、领先艺术类院校赫尔辛基艺术设计大学和历史悠久的商学院赫尔辛基经济学院三所优秀的大学合并而成，是一所古老而创新力强的世界著名高等学府，为北欧五校联盟成员之一。阿尔托大学以其设计而闻名，在 2019 年 QS 世界大学艺术与设计排名中位列第九[③]，超过了美国的艺术中心设计学院（ACCD）和英国的格拉斯哥艺术学院（GSA），成为北欧艺术与设计领域

---

① 郑祺，罗怡萍，彭琳．欧美著名大学课外科技文化活动的经验及启示［J］．三峡大学学报（人文社会科学版），2011，33（1）：109-112.

② 赫尔辛基大学［EB/OL］．https：//m. maigoo. com/citiao/150701. html.

③ 阿尔托大学为何被称为北欧最大的艺术设计大学［EB/OL］．［2016-08-29］．https：//m. sohu. com/a/112546860_425940.

的顶级大学。

阿尔托大学在设计方面的强大地位主要归功于阿尔托。阿尔托是现代建筑的重要先驱者，在现代城市规划、工业产品设计领域造诣颇深，致力于研究建筑与环境、建筑与心理等方面的关系，是现代建筑史上举足轻重的大师级人物。阿尔托大学的设计学院为学生们提供了良好的学习环境和优质的学习资源，国际化的交流平台、灵活的学制、先进的育人理念培养出了一批又一批领先的设计人才。

近年来，阿尔托大学一直致力于使其专业多样化，将国际领先的艺术和创意实践、研究和教育结合起来，为艺术和创意教学开辟多学科前景，为师生的国际化交流和发展提供良好的平台。因此，在这里学生有机会接触到跨学科的项目、大量的选修课和国际交流机会，阿尔托大学的媒体实验室与美国帕森斯设计学院的合作课程很具代表性。

总体来说，阿尔托大学以未来发展为导向，以学生为中心，有着厚重的历史人文沉淀，提供高质量的研究和教育，鼓励大家积极并充满激情地学习新事物、新知识，为学习和研究创造了国际化和引人注目的环境①。

（三）瑞典——斯德哥尔摩大学

斯德哥尔摩大学位于瑞典首都，是欧洲领先的公立大学之一，在世界百强大学中排名靠前，在欧洲得到了广泛认可和高度评价。该大学处在一个美丽的环境中，公园般的建筑将传统文化和现代文化结合起来。斯德哥尔摩大学最初只提供自然科学方面的课程，现在有四个主要科系：法律、人文、社会科学和自然科学，为学生提供广泛的课程选择。

长期研究是斯德哥尔摩大学的一个特色，主要研究一个人或一群人在很长一段时间内的变化。其中一个主题是“人格发展及其研究”，主要针对20世纪60年代中期上小学的人；另外一个课题专门研究人们从出生到而立的30年。全球化使思想、语言、形象在世界各地的传递没有任何障碍，这为跨国合作与交流提供了可能。与此同时，教育作为跨国交流合作的一个

① 王文慧．如何改变芬兰的教育——赫尔辛基大学思考角和阿尔托大学Harald Herlin学习中心［J］．建筑技艺，2021，27（2）：82-88.

重要组成部分，使长期研究成为可能。

斯德哥尔摩大学的另一个特色是对东亚语言的研究。在斯德哥尔摩大学，语言学领域的招牌专业是手语、比较语言学和移民语言研究。这里授予了全世界第一个手势语教授职称，这里有汉语言文化、日本学和朝鲜语言等东亚语言文化专业，这里提供语言学和计算机语言学的高级课程。

斯德哥尔摩大学在科技创新方面走在欧洲高等院校的前列。随着新能源电池产业的快速发展和新能源汽车需求的增长，斯德哥尔摩大学研究了一种新的方法，在保持其功率和增加充电次数的同时，将镍氢电池的寿命延长数倍，使其使用寿命远超常规的电池。

斯德哥尔摩大学也十分注重联盟与发展，卡罗林斯卡医学院、皇家理工学院和斯德哥尔摩大学在 2019 年组成的国际型高校联盟就是一个好例子。联盟的三个成员都是各自领域的顶尖大学，强强联手，以更高效的方式整合三校资源，推进不同学科之间的交叉互动，迎合全球化背景下各国对复合型人才的需求，致力于创造更出色的学术环境和更国际化的发展机会，以提升三校乃至瑞典高等院校的教育质量①。

（四）瑞典——乌普萨拉大学

乌普萨拉大学是一所领先的国际大学，位于瑞典的古都乌普萨拉。被称为“北美的剑桥”和“美苏核竞赛的见证者”的乌普萨拉大学在过去的 500 多年中不断改革和发展，成为世界顶级研究型大学之一和世界百强大学之一，形成了一系列优势学科，包括生物学、计算机科学、信息技术、地理科学及发展研究等。

截至 2017 年，乌普萨拉大学共有 15 位诺贝尔奖获得者，是培养瑞典皇家科学院院士最多的大学，许多世界知名人士曾在此任教或学习，如诺贝尔奖获得者阿尔弗雷德·诺贝尔、联合国前秘书长达格·哈马舍尔德。

在乌普萨拉大学的诺贝尔奖获得者中，有通过几十年的研究总结出视网膜成像原理，阐述近视调节机理的眼科专家阿尔瓦·古尔斯特兰

① 斯德哥尔摩大学简介　斯德哥尔摩大学地址→MAIGOO 百科［EB/OL］. https：//m. maigoo. com/citiao/150777. html.

德；有在内耳前庭的生理学与病理学研究领域获得极高造诣的生理学家罗伯特·巴拉尼；有在生物化学领域提出建设性策略并对色谱和凝胶过滤作出重要贡献的化学家阿尔内·威廉·考林·蒂塞利乌斯；有著名的等离子体物理学家和天文学家汉尼斯·奥洛夫·哥斯达·阿尔文，他在磁流体动力学方面的工作被广泛地应用于天体物理学和地质学；有在作品中针对人类面临的长久疑难展现出独到见解的瑞典小说家、剧作家帕尔·拉格维斯。由此可见，乌普萨拉大学在多个学科领域均培养出了世界级、研究成果具有划时代意义的伟大学者。

乌普萨拉大学在校园环境的建设上十分注重创新和舒适，由 3XN 建筑事务所设计的行政楼十分具有艺术感，在原有基础上进行改造能够为师生提供更多不同的学习工作环境。建筑师以“打造一个主观醒目的聚会地点，提供一个现代化的工作空间”为设计理念，在行政楼设置了供师生使用且面向公众开放的餐厅，在中部巧妙应用光线打造了视野极佳的工作模块，在大楼各部的连接处采用多种设计使其紧密相连，整体来看风格十分前卫。新的行政楼为校园环境增添了活力，甚至成为该市的一个新景观，乌普萨拉大学图书馆是瑞典全国最大的图书馆。

（五）瑞典——瑞典皇家理工学院

瑞典皇家理工学院（KTH）是欧洲领先的技术大学之一，位于瑞典的斯德哥尔摩。作为瑞典规模最大和最古老的高等教育机构，KTH 以卓越的技术和科学闻名于欧洲和世界，也是著名的北欧五校联盟成员。近 200 年来，KTH 一直是欧洲培养创新和科学人才的领先中心之一，它的教育和研究横跨自然科学和工程类的所有分支，为创新和创业提供了肥沃的土壤，因卓越的创造力而享有国际声誉①。

瑞典皇家理工学院有五个校区，坐落在美丽的斯德哥尔摩市内。位于斯德哥尔摩市中心的校园是皇家理工学院的主要教学和研究场所，至今已有一百多年的历史，机械、化学、生物、计算机、工业设计、物理、数学

---

① 彼得·古德蒙顿．加强与社会的联系 进一步提高大学竞争力［J］．国家教育行政学院学报，2010（10）：6-8.

等专业的教学科研工作都在主校区进行。从历史来看，主校区在顶尖工程师的培养上作出了巨大贡献。除此之外，主校区为学生的创新也提供了良好的环境和诸多的机会，学生创新创业孵化基地、建筑设计实验室等均位于主校区，结合主校区所在市中心的优越地理位置，学生们能够有更多的可能拓宽自己的视野。此外，KTH 的图书馆、计算机房、行政办公部门也集中在主校区。因此，主校区的重要性毋庸置疑。

KTH 的其余四个校区分别为 Kista 校区、Södertälje 校区、Solna 校区和 Flemingsberg 校区。Kista 校区所在的地区是全球信息和通信技术的研究中心，被称为欧洲的“硅谷”。在这里，成规模发展的 ICT 公司拔地而起，以华为、爱立信为代表的世界级大型 ICT 企业在这里都设立了研发中心。基于此地良好的 ICT 环境，KTH 的分校区主要致力于材料物理、纳米物理、集成电路及元件、工业和医疗电子器件、电子与嵌入式系统、软件、计算机等 ICT 相关专业的教学和研发，为学生的发展提供了大量的机会。Södertälje 校区致力于制造业相关专业的教学研究，主要包括工业技术、创新设计及工业生产等技术的可持续发展。Flemingsberg 校区在医疗器械等研究方面拥有独特优势，其所在位置毗邻卡罗林斯卡学院，能够整合 KTH 大量生物医药方面的研究，依托卡罗林斯卡医院的丰富临床数据，在相关领域快速发展。

（六）丹麦——哥本哈根大学

哥本哈根大学位于丹麦王国的首都哥本哈根，是国际研究型大学联盟和欧洲研究型大学联盟的成员。作为丹麦的顶级大学，哥本哈根大学的研究经费在欧洲排名第四，仅次于剑桥大学、牛津大学和苏黎世联邦理工学院，并拥有北欧最大的健康和生命科学学院。截至 2018 年底，有 39 位校友获得了诺贝尔奖。哥本哈根大学在 2020 年软科世界大学学术排名中位居第 33，在 2021 年 U. S. News 世界大学排名中位居第 34，在 2021 年 QS 世界大学排名中位居第 76，在 2021 年 THE 世界大学排名中位居第 84①。

① 刘真. 世界大学排名问题研究综述［J］. 高教学刊，2016（8）：20-21.

从1479年建校以来，哥本哈根大学一直坚持自己的育人理念，致力于以学术研究、知识共享和高学术水准的教育进行人才的培养。多年来，哥本哈根大学努力提升教学研究水平，拓宽学科领域的广度，加强研究方向的深度，在开展大量国际化学术型交流的同时，保持了自身研究的高度独立和学术水准。

哥本哈根大学现在有五个主要院系：神学院、社会科学学院、健康科学学院、人文学院和科学学院，它们发展了斯堪的纳维亚的经济、科学和技术，并培养了许多丹麦的专业人士，如神职人员、医生、律师和教师。哥本哈根大学还培养了多方面的人才，如世界著名的童话作家安徒生、存在主义哲学的创始人海德格尔，以及许多在物理学、生物学和化学方面作出杰出贡献的科学家。

哥本哈根大学积极参加IARU GSP（全球暑期项目），该项目希望提供广泛的课程，挑选最优秀的学生参加在成员大学举办的暑期特别项目，并提供奖学金，使学生能够通过跨学科和跨文化的全球视角，与来自世界各地大学领先院系的学生和研究人员交流，应对21世纪的巨大挑战。

作为丹麦的一所科研型大学，哥本哈根大学的优势在于研究方法的科学性和学术环境的多元化。学校基于教学理念的坚守和教学资源的整合，致力于为学生提供更多自由发展和创新的空间，通过大量的科研活动提升学习的自主性和科研的独立性。除此之外，哥本哈根大学对学生的实践能力的培养也十分重视，为此创造了许多与其他机构或企业合作的研究项目。除了学生的培养，哥本哈根大学也担起了重要的社会使命，坚持通过研究和发展为大众普及知识，为科研领域分享研究成果，极大地提升了学校的社会影响力。

（七）丹麦——奥尔堡大学

奥尔堡是丹麦第四大城市，作为丹麦和北欧的重要交通枢纽，有跨越利姆海峡的公路、众多铁路桥梁和国际性机场，总体来说，海陆空交通都比较发达。便利的交通对工业的发展起到了重要作用，市内著名的大学奥尔堡大学便是奥尔堡发达工业产业的体现。奥尔堡大学成立于1974年，是一所位于丹麦奥尔堡的世界知名大学。奥尔堡大学在工程领域处于世界领先地位，在 2021 年 U. S. News 工程院系排名世界第六、欧洲第一（其中细分学科电气和电子工程排名世界第二）。

奥尔堡的地理位置利于奥尔堡大学相关专业的发展，同时奥尔堡大学的建立也为曾经人口老龄化严重的奥尔堡注入了许多年轻的力量和新鲜的血液，成为名副其实的“大学城”。奥尔堡大学有三个校区：主校区在奥尔堡，分校区在哥本哈根和埃斯比约。

作为 QS 五星大学，虽然创办时间不到 50 年，使奥尔堡大学建立了完整的综合型教学网络，设立了五大学院：人文学院、工程与科学学院、医药学院、社会科学学院及 IT 与设计技术学院。除此之外，各个学院下属的不同学科系别和研究中心也是重要组成部分，各学院教学以英文授课为主。

奥尔堡大学的主要教学形式是基于问题和项目组织的学习。这种模式让学生有机会将理论与实际相结合，进行理论实践化，大大提升了学生的团队合作能力和逻辑分析能力。这种先进和有效的学习模式被各大高校认可且效仿。

奥尔堡大学也十分重视学生全面的专业素质，对硕士和博士的培养和要求十分严格。学校为学生提供了为期 3~6 个月的全球著名大学的学习交流机会。博士生更是能够有机会参加世界性学术会议，这样的培养模式使奥尔堡大学学生的国际视野十分开阔。建校近 50 年来，奥尔堡大学与中国院校的合作十分密切，中国和丹麦两国的交换生借此机会进行交流沟通。

（八）丹麦——哥本哈根商学院

位于丹麦哥本哈根的哥本哈根商学院（CBS）成立于 1917 年，是欧洲顶级的商学院之一，也是全球管理教育联盟（CEMS）和全球高水平商学院合作平台（PIM）的成员。通过 AACSB、AMBA 和 EQUIS 三项认证的哥本哈根商学院是世界领先的商学院。哥本哈根商学院是北欧最大的三所商学院之一，为学生提供各种学士、硕士和博士课程，且其国际化程度非常高，近 1/6 的学生都为交换生。哥本哈根商学院致力于为学生提供不同领域的课程，以培养学生多元化的思维和交叉融合性的逻辑，各种各样的商业书籍、企业讲座和项目学习为哥本哈根商学院的学生提供了广泛的学习资源和优质的发展机会。

在最近一次对商学院的“面对面”调研中，哥本哈根商学院是唯一被列入世界顶级商学院的丹麦商学院，其课程在全球范围内排名靠前，管理学硕士项目在2014年Financial Times的全球管理学硕士排名中名列第37，商业管理专业在2017年全球QS商学院排名中名列第13，金融硕士项目在2018年全球QS金融硕士排名中名列第13①。

（九）挪威——奥斯陆大学

奥斯陆大学是挪威规模最大、国际认可度最高、历史最悠久的综合性大学，与瑞典的乌普萨拉大学、丹麦的哥本哈根大学和芬兰的赫尔辛基大学同为北欧最著名的四所综合性古典大学。奥斯陆大学有8个主要院系，56个系，众多研究中心和博物馆，以及5位诺贝尔奖获得者，其研究力量不容小觑。据留学生介绍，奥斯陆大学的单门课程学分较高且学习任务较重，注重学生自身学习能力的培养和理论知识的实践。奥斯陆大学的学习氛围也十分浓厚和活跃，课堂可以自由提问，教师十分乐于与学生进行交流和沟通，在教学过程中采用线上线下相结合的模式加深课程知识的灌输程度和掌握程度。

奥斯陆大学作为挪威最顶尖的大学，在某些学科处于世界领先水平，其最具世界影响力的便是计量经济学。奥斯陆大学是第一位诺贝尔经济学奖得主、计量经济学创始人朗纳·弗里施和数理经济学大师、1989年诺贝尔经济学奖得主特里夫·哈维默的母校。经过两个多世纪的发展，经济学已经成为社会科学学院最大的系，培养了一代又一代在各自领域表现出色的政治家和经济学家。

除了计量经济学，奥斯陆大学的数学和计算机科学也具有很高的水准，在数学方面，天才数学家阿贝尔，李群代数开创者索菲斯·李，解析数论

① 哥本哈根商学院概况［EB/OL］.［2023-03-30］. http://dk.liuxue360.com/news/03514334.html.

大师、菲尔兹奖获得者阿特尔·塞尔伯格均学成于此，学校的数学应用中心为挪威乃至北欧培养了众多数学应用人才；在计算机科学领域，奥斯陆大学师资十分雄厚，其中最为著名的便是图灵奖和冯·诺依曼奖获得者克利斯登·奈加特。从世界排名来看，奥斯陆大学以其广泛的学术影响力位列2020年软科世界大学学术排名第60名。

（十）挪威——BI商学院

BI挪威商学院是挪威第一大商学院，提供本科、硕士和博士等教育。作为唯一获得三项国际认证（AACSB、EQUIS、AMBA）的挪威商学院，BI挪威商学院在2016年《金融时报》的欧洲商学院排名中位列第35，在北欧国家中位列前3。在2018年Eduniversal商学院排名中，BI挪威商学院被列为五星级商学院，并跻身欧洲前20名商学院之列。

BI挪威商学院规模不大，但是有四个校区，拥有两万多名学生，是欧洲的第二大商学院，采用挪威语和英语授课。BI商学院的毕业生就业率远超其他商学院的平均水平，促使其进行国际化发展，其中具有代表性的是BI挪威商学院与复旦大学自1996年开展的长期合作，开启了BI-复旦合作工商管理硕士学位项目的发展之路，共同培养千余名学生。

（十一）冰岛——-雷克雅未克大学

雷克雅未克大学是冰岛最大的私立大学，有超过3200名学生和500名教职员工，有法学院、商学院、计算机科学学院等院系。自2010年起，为了提升学生的语言能力，雷克雅未克大学开始采用双语（英语和冰岛语）教育，学校注重商科的发展，EMBA课程取得了英国工商管理硕士协会的“5-yearaccreditation”认证，并获得了该领域学生和学术界的高度评价。

雷克雅未克大学是一所创新的研究型大学，在论文引用量上的表现十分惊艳。作为一所私立大学，雷克雅未克大学与冰岛当地企业界紧密合作，特别关注技术创新和创业。

雷克雅未克大学为人称道的不仅是其育人水平，还有学校全面化的创新，学校借助HID Global的解决方案，建成了几乎无钥匙的大楼。这样的创新不仅为学生和员工增加了便利和安全性，而且降低了成本，提高了效率，满足了高科技系统和大楼未来的需求。在校园环境的发展上，雷克雅未克大学致力于使学生证可以用于公共汽车、博物馆和游泳馆等场所，让每个人都享受到一卡多用的好处。

## 第六节　北欧创新型组织与机构

北欧有许多创新型组织与机构，为企业的创新发展提供各个方面的支持，这些创新型组织与机构申请到国家的资助、基金的扶持，在不同的领域以不同的模式对本地创新起到良好的组织与协调者作用。例如，VTT（芬兰国家技术研究中心）、Tekes（芬兰国家技术创新局）和 Sitra（芬兰国家研发基金会）被芬兰商业界称为支持万家创新企业的三大巨头。

### 一、芬兰国家技术研究中心

芬兰技术研究中心成立于 1942 年，是北欧最大的多学科研究机构，其主要任务是促进该国所有类型的研究，为国内各类科研机构和各种工业产业的合作和结合作出贡献，搭建一个联动的平台，加快各类科技成果的应用和转化，为芬兰学术气氛提升和商业环境改善提供基础性作用，进而促进更多创新项目的孵化和更多科技成果的应用。在平台的纵向搭建上，芬兰技术研究中心向上连通国家贸工部和国家技术创新局，向下对接主要公司、研究机构和大学，致力于创建一种从基础研究到应用研究、从大学的技术创新到公司的技术研究、自下而上的创新模式。

芬兰技术研究中心是芬兰国家创新体系的重要组成部分，其多样化的任务体现在以下方面。第一，它负责新技术的开发和研究。第二，它负责与其他学术机构和公司签订开发协议，并与商业伙伴进一步合作，提供专业咨询、项目测试、知识产权和商业化服务，以便利用中心的广泛资源帮助客户开发新产品，实现生产方式和服务的现代化，开辟新的商业领域，实现多种创新发展目标。

## 二、芬兰国家技术创新局

1983 年，芬兰国家技术创新局创立。作为芬兰国家创新体系的重要上层机构，芬兰国家技术创新局是国家科技投资和研发的主要机构①，其主要职责包括以下内容。第一，芬兰国家技术创新局为国家公共部门和私营企业的各类创新项目和研究项目提供资金资助和全面的网络支持。第二，该创新局的重要职责还在于用多种方式和举措，鼓励并推动各大企业和科技团体之间的合作。除此之外，该创新局还为各类制造商、各大供应商和终端用户之间的合作提供全方位的服务和支持。

由于 Tekes 的存在，芬兰建立了一个由政府主导的技术创新体系，Tekes 是该体系的核心组织。该系统有助于弥合国家各级创新研究中研究、开发和应用之间的差距，整合国家各级创新能力，使芬兰科技逐步实现开放、实用、多层次和跨学科。创新机构以项目为基础专注于在特定领域实施国家技术计划，通过公司、大学和研究机构的努力，通常在五年内有效促进产业集群的形成。

芬兰国家技术创新局有自身的特点和优势。它最大的特点是它的非营利性，据统计创新局每年会为超过 2000 个研发项目提供资金援助，一般来说，其中三成的项目来自大学及科研机构，七成的项目来自企业。另外，芬兰国家技术创新局的扶持力度很大，扶持企业门槛很低，芬兰绝大多数企业都能得到该创新局的资金支持。

总的来说，国家技术创新局在芬兰国家创新体系中发挥着非常重要和关键的作用。作为一个公共机构，该机构面向各行业的公司（从小型初创企业到大型企业集团）提供融资服务，其资金价值体现在芬兰社会的发展和国家税收的增加上。

---

① 上海赴芬兰、英格兰创新考察团．芬兰、英国科技创新之旅［J］．华东科技，2007（8）：66-68.

## 三、芬兰国家研发基金会

芬兰国家研发基金会成立于1967年，是芬兰国家创新体系“三驾马车”中最晚成立的机构。作为芬兰第一个以科技为对象的风险投资基金①，自成立起50余年来一直致力于促进芬兰各大科研机构、企业、高校技术研究成果的商业化进程，以及各类种子项目的融资。除此之外，该基金也参与了一部分国家科技战略的研究和制定工作。

芬兰国家研发基金会不仅是芬兰的风险资本提供者，也是新思想的催化剂和思想库，通过资助基础研究和教育，帮助传播国家技术创新局的核心理念。为了支持企业，它主要采用综合计划和种子资金服务两种方式，为中小企业提供双重保障。

综合计划旨在使芬兰在高技术和整体竞争力方面处于全球前列。具体支持计划所采用的方法和手段根据实际需要和目标有所不同，芬兰国家研发基金会通过综合计划限制支持的范围和领域，并根据实际情况选择适当的资助和支持方法。这些综合计划是对芬兰竞争力和经济增长的快速和有效反映，也是芬兰研究机构与国家和国际之间的重要联系方式。种子资金服务，顾名思义，它为企业早期研发提供广泛的融资服务，包括直接融资、风险资本和基金网络，该服务旨在促进芬兰公司国际竞争力和盈利能力的提升。

在对经济市场的影响方面，芬兰国家研发基金会在国内和国际市场进行风险投资，以促进风险资本市场的稳定和长期发展。芬兰国家研发基金会建立了一个由一些国内和国际风险投资基金组成的投资网络，主要向中小型企业提供稳定的支持。作为国家创新体系的重要一环，芬兰国家研发基金会频繁与芬兰国家技术创新局、芬兰科学院和芬兰发明基金会等公共部门合作，稳固国家风险投资市场。

在投资方式上，芬兰国家研发基金会的投资包括以下几种途径。①启

① 柳婷．芬兰信息通讯技术创新网络研究［D］．武汉：华中科技大学，2008.

动资金先用于资助创新的启动活动，然后用于支持机构和公司的研发成果商业化[①]。②在项目成功后获取的回报可以扩大投资，为更多的创新活动和研究项目提供资金支持。③芬兰国家研发基金会的规模在半个世纪的发展中不断扩大，由建立之初的1亿芬兰马克扩大到现在的6.5亿欧元。目前，除了芬兰国家研发基金会之外，芬兰的风险投资公司和基金的规模不断扩大，数量超过100家，投资总额超过20亿欧元，为上千家芬兰企业的创新发展提供帮助。

### 四、北欧五校联盟

北欧五校联盟（N5T）成立于2006年，是由北欧领先的科学和技术机构组成的联盟，包括瑞典皇家理工学院、瑞典查尔姆斯理工大学、芬兰阿尔托大学、丹麦科技大学和挪威科技大学。随着世界进入21世纪，人才培养面临新的挑战和日益复杂的任务，联盟旨在响应新时代的国家发展战略，创建独特的北欧教育体系，促进教育资源的共享和交流，推动北欧国家创新基因的转移，并在教育、研究、工业和技术发展的各个领域提供长期合作。该联盟提供一些联合硕士学位课程，重点培养年轻的高科技人才。五所北欧大学都专注于培养具有强大科学背景和研究实力的高科技创新人才。

### 五、瑞典智能城市联盟

瑞典智能城市（Smart Cities）联盟是由瑞典环境研究所（IVL）发起的，集合了瑞典顶尖的相关领域企业和研究机构，是以"智能和可持续的城市发展解决方案"为宗旨的国家级投资创新和技术出口平台，聚焦于空气质量、生物能源、沼气、智能电网、智能移动与交通、废物处理等领域的新技术研究和应用推广[②]。

---

① 芬兰：提升清洁技术研发水平　大力发展节能环保产业［N］．经济日报，2009-11-03（011）．

② 张剑虹．北欧社会保障法律制度研究［J］．安徽电子信息职业技术学院学报，2005（5）：72-73，76.

## 六、瑞典创新体系署

瑞典创新体系署（VINNOVA）是瑞典政府的一个机构，旨在通过建立有效的创新系统，资助有助于商业、社会和职工生活可持续发展的研究。为了促进中国和瑞典之间的科技交流与合作，中国科学技术委员会和瑞典国家技术发展局分别代表各自政府签署了科技合作议定书，确定了两国之间的四个优先合作领域，包括能源与环境、材料、生物技术和信息技术。

## 七、中国·北欧创新合作示范园

中国·北欧创新合作示范园位于南京江北新区科创园内，依托江北新区“两城一中心”产业发展布局，展示了瑞典、芬兰等北欧国家在园区内孵化的创新成果，成为中国和北欧科技合作的一个示范平台。作为一个重要的国际创新中心，示范园区将促进北欧原始创新成果在新区的产业化，进一步提高新区创新资源的集聚度和国际创新的影响力。

为了创造一个具有全球影响力的创新城市，新区按照“两城一中心”的产业发展理念，将“走出去”与“请进来”有效结合起来，大力推进国际教育和医疗资源的规划和建设，构建能够满足国际合作项目和国际人才创新创业需求的生态体系，吸引全球高层次创新资源进入新区，培育更多高水平的项目和创新成果，实现双赢和多赢。

创新是发展的原动力，示范园的落地将加快北欧科技成果转化，促进新区产业转型升级，更好地为江北地区百姓提供优质服务，萌发更多创新切入点，搭建多元合作平台，形成长效合作机制，为推动新区创新资源集聚贡献力量。

## 八、上海北欧创新可持续中心

2020 年是中丹两国建交 70 周年，位于上海的北欧创新可持续中心体现了中丹两国的友谊与合作。上海北欧创新可持续中心位于虹桥商务区的前湾地区，由在闵行区经营了 20 多年的丹麦公司特雷通集团发起，旨在建立一个以北欧为中心的国际创新中心。

该项目将结合北欧在绿色、创新技术和新能源方面的优势和资源，为闵行区和北欧各方创造一个新的合作和交流平台。虹桥商务区与江苏省和浙江省接壤，是上海通往长江三角洲的桥梁和通往亚太地区及世界的门户。北欧创新可持续中心在上海的正式成立，将进一步提升虹桥商务区的区位优势，充分展示国际开放中心的吸引力，进一步打造国际中央商务区和国际购物中心，营造一流的国际商务环境。

## 九、深圳北欧创新中心

深圳北欧创新中心涵盖了北欧创新孵化中心和中小企业科技创新园，旨在吸引和选择适合中国资本和产业定位的北欧公司落户深圳龙岗。总的来说，深圳北欧创新孵化中心是一个促进科技突破和发展、公司上市和孵化、创新研究和开发及展览和展示的综合平台。芬兰和丹麦等北欧国家在高科技、空间、环境、医药和生物技术等多个领域处于世界领先地位，其经验值得我们学习。

## 十、同济大学中芬中心

同济大学中芬中心是一个开放的枢纽和引擎，也是一个国际创新动力中心，会集了来自同济大学、阿尔托大学及其他大学和公司的顶尖研究人员和未来精英。该中心旨在成为一个国际创新知识中心和引擎，通过建立由大学、研究机构、公司、企业家、政府和非政府组织组成的生态系统，缩短传统产学研一体化和国际合作之间的距离。同济大学中芬中心将提供一个新的环境，将学生、学者、研究人员和企业家聚集在一起，发现、孵化和实施全新的想法。

## 十一、中丹研究院

中丹研究院全称为中国科学院大学中丹学院，该研究院利用前沿的专业知识，采用英语授课和国内外的现代教学方法，开发跨学科思维，培养创新精神。该研究院的学生在中丹两国双导师指导下学习，结合中国和丹麦的研究和教育资源优势，培养具有国际视野和国际竞争力的顶尖人才。该研究院提供七个培训项目：环境科学、神经生物学/生物技术、纳米科学和纳米技术、化学工程/生物化学、创新管理、公共管理和组织科学，毕业生分别获得中国科学院和丹麦合作大学的文凭。

### 十二、复旦大学北欧中心

复旦大学北欧中心创建于 1995 年，由北欧的大学和复旦大学共同成立，会集了丹麦、挪威、瑞典、芬兰和冰岛五个北欧国家的高校和研究机构，通过每年组织和举办各种学习活动和学术研讨会，极大地促进了中国大学与北欧大学之间的合作与交流。复旦大学还以北欧中心为平台，与许多北欧知名大学进行了频繁而广泛的交流。2010 年，复旦大学北欧中心新大楼的落成促进了中国与北欧学生的良好沟通和交流。

## 第七节　北欧文化

创新是北欧文化的一大特征，为北欧的发展提供了源源不断的动力。19 世纪，北欧的社会以农业为主，创新文化的推动让北欧人具备了创造力，使北欧国家成为经济发达、科技领先的高福利国家。瑞典、芬兰、丹麦和挪威等北欧国家多次在世界经济论坛和经济学人智库（EIU）世界竞争力和创新排名中名列前茅①。北欧的地理位置较为偏僻，气候不佳，这种冷清和孤独让北欧人养成了思索的习惯，使创新文化成为了北欧的一个文化特征和文化代表。本节主要从平等文化、建筑文化、设计文化、“求平均”文化、“Hygge”式的北欧生活、节日文化等方面来体现北欧文化的创新特征。

① 李永群，于青，黄军英．聚焦国外创新力［N］．人民日报，2011-04-12（023）．

## 一、平等文化

北欧文化强调平等意识、社会群体意识，宗教氛围并不浓厚。在北欧，不论是穆斯林还是基督教徒，是异性恋还是同性恋，是美还是丑，都会得到平等的尊重。正如挪威网剧《Skam》中所展现的，Sana没有因为自己是穆斯林就退出身边朋友的交流，Eskild没有因为自己的性取向就不和大家处于同一屋檐下，Chris没有因为自己的肥胖而自闭，大家都很平等。北欧俨然具备了人人平等的氛围，这种平等的文化已经悄然渗入北欧人民的价值观之中。

从某种程度上来说，北欧是全球最平等的地域，这里一直是提倡女权的引领地，挪威的前首相格罗·哈莱姆·布伦特兰就曾说过要把挪威打造成一个“母系社会”。可以说今日的挪威是男女平等做得最成功的国家之一，已经有学者把挪威称为欧洲第一个“母系国家”①。瑞典在平等文化方面也十分有特点，瑞典人认为男女除了平等还应该达到“性别中立”或“不分性别”的高度，应该彻底消除传统观念中的性别角色定位，因此瑞典出现了一个取代“他”和“她”的新词——“hen”，并被广泛接受和使用。

## 二、“求平均”文化

北欧社会的特点是“平等”，这在北欧的基础教育中表现得最为明显。这种社会环境和机构设置使北欧国家的收入水平更加平等，花匠和木匠的收入没有太大差异，大学讲师和金融专家的收入也没有太大差异。在这样的社会氛围中，北欧的教育较少涉及精英主义，更多的是考虑如何让最好的学生变得更好，如何让普通学生找到自己的价值。

北欧基础教育的整体特点是“求平均”。例如，在挪威，小学义务教育是免费的，为期十年，所有接受小学教育的人都是平等的。整个教育系统体现教育公平的方式之一是强调特殊兴趣教育，即根据每个学生的能力采

① 钱文荣．女权运动的杰出活动家布伦特兰夫人［J］．瞭望周刊，1989（10）：40-41.

用适合他的方式进行教育。以芬兰为例，当其他北欧国家都在向西方学习推进“快乐教育”“自由创新”和“以兴趣为基础”的教育的时候，芬兰教育却结合了东西方的优势。这就创造了芬兰教育在这两者之间取得良好平衡的佳话。

### 三、“Hygge”式的北欧生活

罗敷在《这么慢，那么美》中将北欧生活诠释得安宁、美好。斯堪的纳维亚人的幸福感源于北欧的慢生活方式、简朴、自然与和平、家庭温暖和个人努力。“Hygge”是丹麦人经常使用的一个词，通常被翻译为“舒适”，就是远离尘世喧嚣，感受身心放松和舒适。换句话说，它是一种感觉，一种平和的心态，一种北欧的生活哲学。除了丹麦的“Hygge”，瑞典在闲暇的咖啡时刻享受生活的美好，Lagom 意味着在所有事情上的克制和节制，目的是过一种平衡的生活。

### 四、建筑文化

由于气候的寒冷和对自然环境天然的热爱，北欧的建筑文化经历了漫长而又复杂的演变过程，北欧的创新基因使北欧建筑别具一格、与众不同，北欧的建筑文化在传承和创新中不断丰满。木结构建筑是北欧国家的重要传统建筑，这与木材只能用于低层建筑的传统观点相悖。北欧地区依托于其发达的科技平台，以高质量的现代木材为基础，将其应用于高层建筑，这不仅对建筑业的发展有推动作用，而且促进了建筑文化的创新。以瑞典的 Kajstaden 公寓为例，设计公司将 Kajstaden 公寓周边的可持续元素有效整合，结合人们生活方式中的可持续原则，材料的选择和施工过程始终考虑可持续发展，纯木结构的创新反映了现代施工方法的精确性和高效性。

### 五、节日文化

对于处于高纬度地区的北欧人民来说，夏季是节日文化洋溢季节。以丹麦为例，在这个季节有众多节日。比如，7 月下旬的维京节，夏日的维京节是丹麦人重要的节日，一场盛会将在莫斯格海滩展开，随处可见身着维京元素服饰的当地居民，浓浓的维京文化气息就此蔓延开；8月下旬的奥胡斯艺术节，奥胡斯艺术节是斯堪的纳维亚最大的文化活动之一，展示了当地和众多国际艺术家的优秀作品，在为期十天的奥胡斯艺术节里，大街小巷都沉浸在艺术和娱乐的氛围之中，非常多的爵士乐队会进行表演；9月初的美食节，作为北欧最为盛大的美食节，会有当地的美食和新品推出，各种试吃和美食研讨会层出不穷，意在吸引游客，关注北欧饮食文化，体验北欧生活。

## 六、音乐文化

在北欧，和平的社会和创新的基因培养了人们对音乐的兴趣，涌现了大量优秀的音乐家和音乐作品，尤其在瑞典和芬兰，这种现象十分常见。以瑞典为例，作为音乐产业高度发达的北欧国家，以歌谣和牧歌为主的瑞典民俗音乐、著名的流行乐队 ABBA 和具有瑞典特有的清新流畅音乐风格的罗克赛特乐队（Roxette）是瑞典音乐文化的重要特征和代表。除此之外，将音乐融入生活的习惯、音乐不缺席重要场合的信念，以及对音乐的无比热爱，使瑞典成为世界上人均拥有合唱队数量最多的国家。

## 七、电影文化

北欧的电影文化以丹麦为代表。在第93届奥斯卡颁奖典礼上，丹麦电影《酒精计划》获得最佳国际影片的奖项。该片由托马斯·温特伯格执导，麦斯·米科尔森主演，讲述了四位高中教师为应对中年危机而染上酒瘾的故事。由此可以看出，丹麦电影业十分发达。北欧的电影文化与20世纪60年代以政治为导向的文化息息相关，政府对文化领域的关注催生了电影业的发展。以丹麦为例，政府对电影的文化价值给予了认可，随后欧洲电影的新趋势也在丹麦开始蔓延，衍生出了许多经典之作。在北欧，电影文化具有包容性，对任何形式的影片都予以接受，这也促进了北欧电影文化的发展。

## 八、动漫文化

在芬兰，唐老鸭曾经是最受欢迎的卡通人物。从20世纪50年代起，二战后的芬兰正经历着战后重建的艰难时期，生活很不容易，娱乐活动也很少。在当时，迪士尼已经开始全球化经营文化产品，因此全世界的孩子看到的动画人物大多都为迪士尼出品，芬兰也不例外。1951年，迪士尼在报纸上以漫画唐老鸭的形式开始发展芬兰市场，由于美国文化的强大吸引力，该报纸迅速从每月一期发展到每月两期，20世纪60年代开始发展为每周一期，并持续至今。如今，它仍然有10万名订户（芬兰的人口为500万），是芬兰订户最多的报纸。

唐老鸭作为当代流行文化的代表在芬兰受到欢迎，还有很大一部分原因是当地的编辑人员赋予了它灵魂。芬兰的编辑团队在出版唐老鸭漫画书时展现了很高的语言水平，书中的语言不仅幽默，而且很有可读性，以至于连学校老师都推荐唐老鸭漫画书为幼儿的启蒙书籍。2001年，赫尔辛基大学授予该书“年度语言遗产”奖，以表彰其出色的语言运用。这部漫画获得这一奖项的事实证明了它在芬兰的影响力。周而复始，年复一年，唐老鸭在芬兰获得了巨大的人气，并代代相传。在本土化的过程中，唐老鸭漫画书记录了过去70年的芬兰风俗、方言和行话。因此，这些轻便的漫画类书籍已经成为研究芬兰流行文化的一个重要来源。此外，市场营销对于唐老鸭漫画书在芬兰的畅销也至关重要。唐老鸭形象的版权由芬兰最大的媒体集团Sanoma管理，这是一个全国性的媒体，能够提供充分的资源支持使唐老鸭的受欢迎程度不断上升。2017~2018年，以唐老鸭形象为主的图画帮助芬兰国家美术馆提高了访客量。在芬兰最高的艺术博物馆Ateneum，以唐老鸭形象为主演绎的一组经典美术作品吸引了大量的游客前来参观。

唐老鸭的受欢迎程度也与芬兰人民的同情心有关。芬兰经历了强大国家的不断侵略，再加上他们内敛的性格，芬兰人早就意识到自己的国家缺乏国际代表性，但他们一直有着自我保护的意识。随着20世纪90年代工业和技术的繁荣，芬兰的繁荣程度飙升，它成为北欧式幸福的缩影。然而，许多芬兰人仍然感到自卑。唐老鸭是这个故事中的一个配角，不断被欺负，不断犯错，然后继续前进。这个形象在芬兰人中引起了特别大的共鸣，芬兰人在唐老鸭身上看到了自己。

### 九、可持续文化

每年的 3 月 23 日是北欧日。北欧日最初是为了纪念 1962 年 3 月 23 日《赫尔辛基条约》的签署而设立的。该条约为北欧国家和地区之间的正式合作奠定了坚实的基础，成为了国际关系史上的一个里程碑。现在，北欧日已经成为纪念这一重要事件与促进北欧国家和地区之间友谊与合作的传统庆祝活动。这一天也象征着北欧国家和地区的共同价值观和文化传统，以及他们在环境保护、可持续发展和人权等领域的共同承诺。在北欧日，人们通常通过各种庆祝活动来庆祝该地区的文化多样性和文化遗产。这些活动涵盖了许多方面，包括音乐、舞蹈、文学、电影、食品等，展示了北欧国家和地区丰富多样的文化和生活方式。

在可持续发展的创新方面，一直以来北欧国家在欧洲处于优势地位，他们长期以来拥有高度发达的环境理念，在（城市）设计和可持续发展方面走在前列。有数据显示，丹麦是欧洲在环境领域最具创新力的国家，当人们提到哥本哈根和赫尔辛基时，肯定会率先提到它们的可持续性发展等要素。

北欧五国有共同的文化理念，强大的社会福利体系，因此人们在工作和生活中保持着良好的平衡，保持着对幸福的关怀，以及对自然环境的热爱和尊重。在北欧，“适度”是人们思想中一种重要、必不可少的普世价值观。在瑞典语中，“lagom”的意思是“恰到好处”“平衡”。为了达成可持续发展目标，创造良好的自然社会环境，瑞典早在 1967 年就成为世界上第一个设立环境保护机构的国家，又在 1969 年通过了首部引入“谁污染谁付费”原则的《瑞典环境法》，大力支持瑞典在更广阔的空间、更坚实的基础上实现可持续发展。

## 北欧创新

北欧国家约60%的发电量来自可再生能源，以瑞典为例，其政府计划到2045年100%使用可再生能源。再比如丹麦，几十年来，它一直在建设一个先进的绿色能源网，不仅在市场投入了大量资金，而且努力将学术界和工业界结合起来，探索对环境友好和安全的生产过程，并将这种合作扩展到时尚界等领域。在北欧，希望进入市场的时尚品牌需要确保它们的产品不仅符合当地政府关于可持续生产和运输的规定，而且在销售和回收方面也需要符合同样的服务标准，致力于为当地消费者提供具有北欧国家所重视的品牌价值的产品。

随着近年来自然灾害和环境问题的增加，可持续发展的问题在时尚领域变得越来越突出。许多设计师参与了这种时尚和环境的变革，使可持续发展的时尚有了更具体的形式。北欧是可持续时尚的重要战场，影响了许多设计师的设计理念，而 Acne Studios 一直站在可持续时尚的最前沿。Acne Studios 使用前几季系列的面料，致力于通过设计找到积极的可持续解决方案。2020年，Acne Studios 推出一个名为“Repurposed”的环保系列，这个新系列完全由品牌的剩余面料和材料制成，通过使用回收技术，有效和创造性地发现了现有面料的新价值。每一季都有一个特定的主题，每件作品都专注于一种特定的材料或处理方法，并在材料储存地生产，尽量减少运输。他们的新系列更注重环保材料，如所有的针织品和羊毛都是有机的，所有的包都是由回收的聚酯纤维制成的。

2022年，中北欧可持续发展与碳中和产业合作峰会在上海成功举办，在以往可持续发展产业交流会的基础上，以“国际互联，共赢未来”为主题，围绕国际可持续发展与碳中和产业合作，汇聚可持续发展领域的国际组织、政府机构、研究机构、企业和其他相关方。此次活动汇集了国际组织、政府机构、研究机构、企业和其他可持续发展领域的相关组织，在可持续发展城市、生物质能源、地热能源、氢能、零碳交通/碳捕获和储存五个领域，就碳中和、可持续发展和能源科技、产业示范和系统解决方案进行讨论和交流，帮助科研和产业部门进行可持续发展和创新，找到一条共同的绿色发展道路。

# 第八节　北欧社会福利

## 一、高社会福利的原因

北欧五国是世界上少有的高福利国家，其高社会福利制度一直为人称道。在北欧这样一个地广人稀的地区，北欧各国是如何在这样的客观条件下一直维持世界领先的高福利水平的呢？

（一）政府注重民生

北欧各国的政府都十分关注民生，因此高度重视民生改善方面。不同于英、美、德这些致力于发展国家军事力量的世界大国，北欧各国不参与军备竞赛，同时对国际事务也少有关注，他们把更多的精力都投在国家民生的发展上。

（二）工业高度发达

高福利需要以经济发展为支撑，北欧高度发达的工业产业为此作出了巨大的贡献。北欧工业最发达的国家为瑞典，北欧各国在汽车制造业、核工业、航空业、食品加工业、造船业、石油业等重工业方面走在世界前列。与此同时，发达的通信技术、软件工程为北欧工业的发展增添了重要的力量，使北欧各国成为世界上的工业强国。

（三）企业规模化发展

北欧的创新基因为北欧人的创业奠定了良好的基础，在北欧成规模的企业拔地而起，为北欧经济的发展助力，成为高福利的保障。丹麦的全球航运公司马士基和瑞典的爱立信、沃尔沃、萨博、伊莱克斯，已成为北欧社会福祉的重要贡献者。

（四）自然资源丰富

北欧各国虽然处于欧洲边缘，但是各国丰富的自然资源成为北欧发展的基石，进一步推动了高社会福利制度的发展。挪威丰富的森林资源足以支撑国民的高品质生活，被联合国评为“世界上最幸福的国家”，除了森林资源，挪威还有大量的石油和天然气储备。瑞典的森林资源虽然不及挪威，但其54%的森林覆盖率也已处于世界领先水平，丰富的铁矿和水资源为国民的幸福生活打下了基石。丹麦作为欧洲第三大石油输出国，大量的石油储备、天然气储备及近50万公顷的森林面积，足以满足国民的生活需要。

（五）高税收政策

高福利背后很重要的一点便是高税收。北欧的税收在全球处于较高的水平，高税收和高福利的结合使北欧极少出现腐败现象，形成了一个良性循环。良好的社会环境造就了北欧人美好幸福的生活，贫富差距小、幸福指数高，便是该良性循环的最好体现。

## 二、北欧高福利制度的作用

（一）提升国民自由度

北欧各政府注重国家民生的发展，在一定程度上提升了国民的自由程度。在高福利制度下，北欧社会对公民权利十分重视，为国民个性的发展提供了广阔的空间。从高覆盖的社会福利政策到帮助国民抵御风险的各类举措，从自出生到死亡的全程福利补贴到针对退休、疾病等问题的保障，从物质层面满足了国民的需求，从精神层面安抚了国民的心理。用学者的话来说，北欧国家的高福利制度对公民权利极度张扬，是资本主义制度下人的自由和个性发展的一个最佳状态①。

（二）缩小贫富差距

高福利制度具有高覆盖性，不论是谁都能够享受国家的高福利。因此，在北欧，无论是农民还是大学教授，他们的收入差距并不大。北欧国家用政策调节的手段取上补下，给每个社会成员提供相应的社会保障和平等的

---

① 张红霞．北欧国家的福利制度改革及其对中国的启示［J］．中国石油大学学报（社会科学版），2007（6）：48-52.

发展机会，促进了社会公平，缩小了贫富差距，缓解了人们之间的矛盾，维护了社会的稳定①。

## 三、北欧高幸福指数的原因

联合国自2012年起每年发布《全球幸福指数报告》，根据指标衡量主要国家和地区的幸福感，如教育、健康、环境、内心幸福感和生活水平等。芬兰、丹麦、瑞士、冰岛和荷兰连续多年被评为世界上最幸福的前十位国家。

为什么这五个北欧国家的幸福指数一直位居前列？为什么北欧国家的人们对自己的生活如此满意？一些专家认为，其中一个主要原因可能是寒冷的气候。有学者曾进行了一项深入的研究，发现寒冷的气候和漫长而黑暗的冬天实际上对人们的幸福感有积极的影响。他解释说："在历史上，北欧国家的人们被认为是非常节俭的，社区必须紧密合作，相互支持，才能应对北方的寒冷冬天。北欧国家的情况也是如此，在冬天来临之前，各家各户互相帮助，把屋顶盖好，不在乎是否要给对方钱，寒冷的气候使北欧的人们更容易产生归属感。"

参与过《全球幸福报告》的Neve博士指出，北欧国家的就业竞争压力非常小，对失业者的社会保障也很好，这也是他们拥有高幸福感的主要原因之一。例如，芬兰的GDP非常高，这意味着其公共服务，如医疗和高等教育非常便宜，甚至免费。在宏观层面上，社会福利的分配更加均匀，穷人获得更高的福利，而富人则不关心高税收对他们福祉的影响，这导致整个社会的幸福水平很高。②

总体来看，真诚、善良、友爱、互助、互信、宽容、忍让是增加幸福指数的重要元素。

---

① 武中哲．北欧福利国家制度之利弊及对我国的借鉴意义［J］．理论学习，2001（10）：56-57.

② 【匈牙利旅游】陶瓷器中的LV［EB/OL］．［2020-08-24］．https：//mp. weixin. qq. com/s/oaujn4sh1EPZkLQFtiAS4A.

## 本章小结

本章为北欧简介，先是对北欧概况作了描述，然后从北欧神话、北欧五国的历史、北欧经济、北欧教育、北欧创新型组织与机构、北欧文化和北欧社会福利七个方面对北欧进行了全面介绍。正是因为北欧各方面的基本情况，北欧创新基因得以延续，北欧的创新发展得以取得巨大的成就，并走在世界的前列。具体来看，神话和历史是北欧创新基因的起源，经济、教育、创新机构、文化和社会福利是创新基因得以延续的重要保障。

# 第二章　北欧创新体系、途径及优势产业

## 第一节　北欧国家构建国家创新体系的途径

创新作为国家生存和发展的基础，一直是帮助北欧国家保持丰富活力和强大竞争力，并成为全球发展典范的重要因素。在北欧国家，创新已经融入了经济和社会结构，并成为国家发展的重要工具。芬兰和瑞典的创新主要基于科学和技术，而丹麦和挪威显然更务实，他们的创新更多地基于科学、技术和创新方法。此外，丹麦的体系由中小型企业领导，挪威则由大型企业领导。因此，北欧各国的创新体系有所差异[①]。多年来北欧国家已经构建了完整的国家创新体系，创新的基础已经成熟[②]。

### 一、深耕教育，提供创新源泉

创新取决于人才和知识的积累。在知识经济时代，教育和创新之间的

---

① Cooke P. Nordic innovation models: Why is Norway different? [J]. Norsk Geografisk Tidsskrift-Norwegian Journal of Geography, 2016, 70 (3): 190-201.

② 贺达水. 北欧国家如何构建国家创新体系 [J]. 国家教育行政学院学报, 2016 (10): 85-88.

联系尤为紧密。因此，北欧国家非常重视高等院校在培养创新人才方面的作用，并将提高教育质量作为优先事项。北欧五国对教育领域的投资巨大[①]，致力于用高素质的教育来促进社会的创新发展。除此之外，北欧五国对科研的投入也十分可观，不仅高于欧盟的平均水平，而且超过英、美、德等大国。例如，丹麦北部的奥尔堡市主要进行无线通信网络的研究，吸引了来自全球的人才。

事实上，近百年来，北欧在电信、重工、军事科技、汽车等领域的科技实力一直处于强势的领先地位，爱立信、诺基亚、沃尔沃、萨博等品牌早已世界闻名，持续不断的研发和深耕教育的理念为这片土地的创新种下了生生不息的种子。北欧五国依靠着对教育和研发的投资，从资源依赖型国家逐渐发展成为知识经济主导型国家。

总体来说，北欧国家通过高校和实践双轨制的培养方案构建了北欧独特的创新人才培养模式。其中高校的教育培养旨在提升学生的学科素质，以适应实践的需要和科技发展的前景；实践的锻炼有利于提升学生的专业解决能力，通过一系列的社会工作体验不断提升个人能力，明晰发展方向，弥补高校教学偏重理论、缺乏实操练习的空白，最终使学生成为具有国际化视野和专业实践能力的新时代创新型人才。

## 二、创新三角强化关联

大学、研究机构、企业被视为“创新三角”，北欧国家为加强产学研的综合合作提供了广泛的解决方案。例如，瑞典和芬兰采取了政府统筹下的产学研一体化模式，由政府牵头建立国家创新委员会[②]，并尽力提供支持性政策措施。瑞典还设立了研究基金，以促进企业与高校之间，以及院校之间的合作，为从基础研究到实验应用再到研究成果转化的整个研究流程搭

① 张伟，范钦亮，金玉国．提高济南市城市创新能力的对策研究［J］．科技与经济，2004（4）：20-24.

② 张浩，陈锐．基于三螺旋理论的瑞典政产学合作模式研究［J］．科技和产业，2018，18（4）：94-99.

建了一个框架①。瑞典也有一个科研投资体系，涵盖了从基础研究到实验应用再到研究成果转化的全部内容。芬兰采取的产学研一体化培养方式以国家创新服务企业为出发点，以国家技术研究中心为“中间人”，以科学园为载体，以政府资金为依托，为企业提供了一个具有研发潜力和实力的创新网络，一个具有动态学术和商业环境的创新生态系统，以及一个创新的规划和资源管理体系。这种网络连接的模式使芬兰的创新主题能够从各方获取必要的创新支持②。

虽然瑞典和芬兰的两种模式有不同之处，但总体来看都是以政府为主体，将大学、研究机构和企业三方的资源有机整合在一起，并对创新规划和创新资源进行微调，有效构建大学、研究机构和企业三方联盟的联合创新发展模式，为整个国家乃至北欧的创新发展提供了重要的平台和独特的能量。

### 三、政府采购创造需求

对企业和市场来说，创新是企业的关键，需求是创新的动力。随着社会的发展、需求的更迭，作为创新主体的企业需要加快脚步，以创新推进企业发展。在北欧国家，公共采购政策促进了创新型中小企业的发展。瑞典和芬兰都建立了创新友好型公共采购模式，从需求方面鼓励创新，将公共采购作为创造市场需求的重要工具。芬兰已将全球消费市场确定为其创新活动的重要需求驱动力，并且为了促进本国绿色技术的发展，决定所有公共采购项目应优先考虑新的绿色技术，以尽可能实现节能减排，并通过创造市场需求来加强相关产业的国际竞争力③。

### 四、北欧创新指数

全球创新环境一直保持相对稳定。根据《国家创新指数报告2020》，可

---

① 梁燕君．技术创新的发展趋势及北欧科技创新经验［J］．中国质量，2008（7）：31-33.

② 廖苑伶．基于三螺旋理论的芬兰政产学合作模式研究［J］．世界教育信息，2016，29（17）：23-27.

③ 林娴岚，王海燕．芬兰国家创新体系的特征与启示［J］．中国国情国力，2014（10）：70-72.

以将评分的40个国家分为三组：总指数排名前15的国家主要是欧美的发达经济体，它们都是公认的创新强国，属于第一组；第16至第30名是其他发达经济体和一些新兴经济体，属于第二组；第31至第40名大多是发展中国家，属于第三组（见图2-1）。

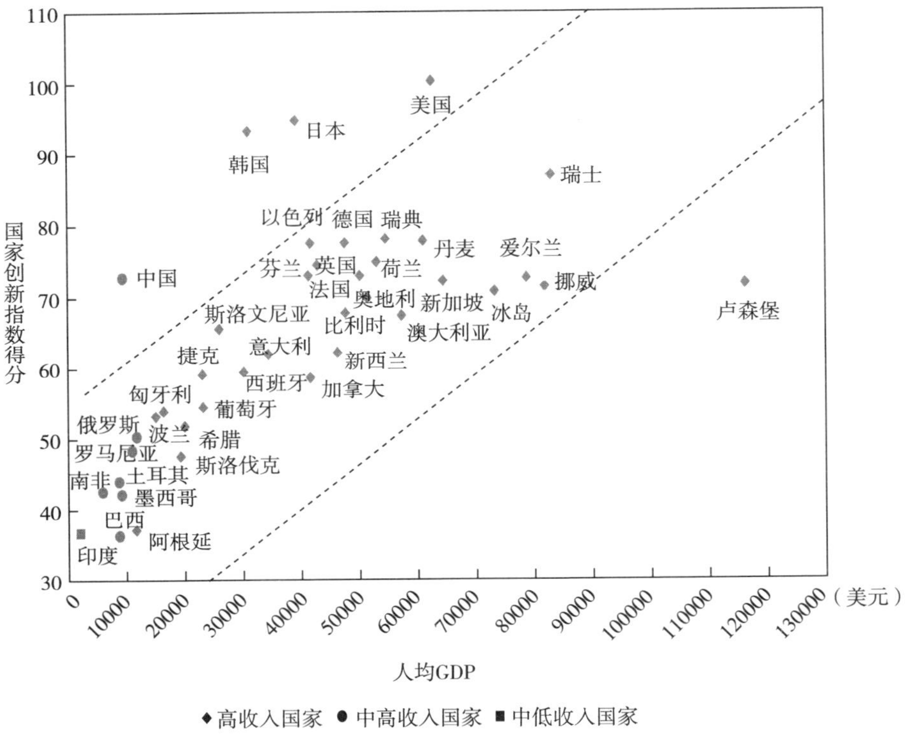


**图2-1　2020年各国创新指数得分情况**

资料来源：《国家创新指数报告2020》。

欧洲地区在创新能力方面是非常先进的，在第一组中占据了9个席位，总体来看处于领先地位。中国的地位正在逐年增长，在2020年进入前15（见表2-1）。

表 2-1　2016~2020 年全球创新指数、全球竞争力指数排名

| 国家 | 2016 年 | 2017 年 | 2018 年 | 2019 年 | 2020 年 |
|---|---|---|---|---|---|
| 丹麦 | 8 | 5 | 8 | 7 | 6 |
| 瑞典 | 2 | 2 | 3 | 2 | 2 |
| 芬兰 | 5 | 7 | 7 | 6 | 7 |
| 挪威 | 22 | 18 | 19 | 19 | 20 |
| 冰岛 | 13 | 12 | 23 | 20 | 21 |
| 中国 | 25 | 22 | 17 | 14 | 14 |

资料来源：历年《全球创新指数报告》。

## 第二节　北欧五国创新体系分析

北欧五国在 20 世纪初还是发展较落后的国家，现在已跻身于世界领先的创新国家之列，这与它们积极实施科技创新战略和政策密不可分①。以下各章将结合每个国家的创新体系进行分析②。

### 一、丹麦国家创新体系分析

丹麦是欧洲创新领域的领导者之一，创新基因流淌在国家的血液里。丹麦强大的创新能力主要因为经济发达、教育投入大和社会文化多元。丹麦的教育经费占 GDP 的比重一直保持世界领先水平，为国家创造力的提升提供了必要条件。

（一）科技创新

丹麦有许多对科学技术作出重大贡献的著名科学家，如第一台磁性录

① 王子丹，袁永．北欧主要国家创新战略与政策研究［J］．科技管理研究，2018，38（11）：26-30.

② 孙海燕，李攀．北欧式创新［J］．21 世纪商业评论，2005（10）：111-113.

音机的发明者保尔森、原子核结构理论的拓展者莫特森、医用呼吸机和重症监护室的发明者易卜生、扬声器的发明者彼得·劳瑞兹·詹森、电话线发声器的发明者索菲·特瑞莱斯·特维德。

（二）绿色创新

丹麦的创新基因还体现在其对绿色创新的坚持和努力上，这方面最好的例子是丹麦的风能产业。从 1891 年世界上第一台风轮机的诞生到 1991 年世界上第一个海上风电场的建设；从 2017 年占比全球第一的风电供应量到 2019 年超过半数的可再生能源发电数量，丹麦在风力发电技术方面走出了一片辽阔的天地，创造了许多第一和奇迹。

（三）生物创新

丹麦的创新基因也表现在生命科学、食品和环境科学方面。从 1982 年销售的第一个有机胡萝卜到 1986 年提出的第一个“农药计划”，从 1987 年规范有机食品生产的官方立法到 1989 年第一个国家有机食品认证标签，从 1997 年减少 50%的农药使用到 2017 年有机食品在公共消费领域占 60%的份额，都证明了丹麦的创新基因在不断发挥作用。

创新基因对企业的发展也至关重要，丹麦是许多世界著名品牌的诞生地，蓝罐曲奇饼干、嘉士伯啤酒、乐高玩具都是丹麦企业创新能力强的例子。丹麦凭借着经济、教育和社会，形成了由科技创新、绿色创新、生物创新等构成的创新体系，在创新之国的发展道路上向前奔走。

## 二、芬兰国家创新体系分析

芬兰不仅是以发达的科技产业为基础的创新之国，也是以自然环境舒适宜居而闻名的幸福乐土。芬兰的发展是从森林资源起步然后延伸到工业和创新产业的。以芬兰手机巨头诺基亚为例，其信息和通信技术已经逐渐成为芬兰最具代表性的产业，《愤怒的小鸟》和《部落冲突》成为了世界上非常受欢迎的游戏。

（一）在创新发展上有前瞻性

自 20 世纪 80 年代以来，芬兰一直专注于通过投资教育和研发，将其经济从要素和投资驱动转变为创新驱动[①]。通过教育研发的投入、企业技术的创新和创新产业的投资来提升国家的创新能力，通过打造世界顶尖的国家创新体系、以教育促进创新、发挥政府在创新驱动中的作用、设立高科技产业园区等一系列举措和方式，使芬兰成为了世界有名的创新之国，建立了与本国经济发展相匹配的新机制。

（二）创新体系具有全面性

芬兰的国家创新体系既广泛又实用，既复杂又有条理，既稳健又高效，从上到下可分为六个层次[②③]：政治机构、政策解析与描述机构、政策调整与指导机构、研发创新执行机构、知识与技术转移机构、商品供应与服务供应机构[④⑤]。

随着全球化的发展和芬兰国家创新体系的不断完善，芬兰的创新能力越来越强，创新体系越来越完整，创新体系内各大模块协同发展，助力芬兰的创新事业越来越繁荣。

## 三、瑞典国家创新体系分析

瑞典被誉为“创新之国”，创新是瑞典的文化特征，从日常家用物品，如保险丝、拉链、冰箱和摄氏温度计等，到全球最大流媒体音乐平台 Spotify、全球知名即时通信软件 Skype，它们都诞生在这个国度[⑥]。

（一）发明创新展现创新能力

随着瑞典的发展，越来越多的瑞典科学家、工程师、设计师和技术专家被欧洲专利局授予专利。根据欧洲专利局的数据，瑞典是欧洲新发明数

---

① 芬兰：多管齐下实施国家创新驱动战略［J］．广东科技，2017，26（2）：57-58.

② 宋学增，吴蒙．跟芬兰学制度创新［J］．清华管理评论，2015（1）：86-92.

③ 宋丽萍．区域创新系统绩效评价及创新能力提升路径研究［D］．北京：中国地质大学，2014.

④ 邓璐．全球科技创新中政府的职能定位、演化趋势与效果评估——基于全球 29 个科技创新中心的比较分析［J］．文化月刊，2019（7）：136-142.

⑤ 胡海鹏，廖晓东，袁永，等．芬兰创新驱动发展政策及对广东的启示建议［J］．特区经济，2017（5）：36-39.

⑥ 付一鸣，和苗．瑞典以人为本打造“创新之国”［J］．劳动保障世界，2016（34）：68.

量最多的国家之一，而且很大一部分瑞典发明是由瑞典大型品牌公司申请的专利，电信巨头爱立信、沃尔沃、斯凯孚等大企业一直在发明创新的路上奔走不息。

（二）宏观政策助力创新发展

作为世界上最具创新精神的国家之一，瑞典在创新方面的成功从宏观上看取决于国家各方的协调，有效的创新合作网络为瑞典创新的进步打下了坚实的基础。从微观上看，瑞典的创新还得益于研发领域的巨大投入，其数额约占 GDP 的 1%，该资金主要用于瑞典各大高校的科研发展。

随着全球化进程的推进和世界各国对创新关注度的增强，创新经济竞争日渐激烈。由于经济规模的局限，高端人才缺乏、研发成本高昂、创新潜力不足等问题慢慢出现，瑞典的创新力面临着巨大挑战。如何保持传统创新强国的优势，为世界人民的生活提供更多的创新产品，稳固已有的国家创新体系，成为了瑞典发展的重要任务之一。

## 四、挪威国家创新体系分析

挪威是北欧五国之一，虽然人口仅有500多万，但也有非常好的创新纪录，在海洋技术、生命和健康及清洁能源方面表现突出。

（一）“三驾马车”助力创新前行

挪威有三个负责科学、技术和创新的主要机构：挪威研究理事会、挪威创新署和挪威工业发展公司，它们一方面为政府提供政策建议，另一方面为创新企业提供咨询和服务。大学也是挪威科技创新的主要推动力之一，在科研成果的转化方面发挥着重要作用。

（二）项目实践助力创新落地

“三驾马车”的保驾护航使挪威的创新项目能够顺利地实现落地转化。例如，挪威科技大学鼓励师生团体通过资金和资源来探索其项目的商业价值，并推进其实施和商业化。总体来说，挪威的国家创新战略是通过政府的引导和服务实现社会各界多方面资源有效整合的①。

## 五、冰岛国家创新体系分析

冰岛一直是世界上最具创新性的国家之一。冰岛有1/4的人从事创造性职业，1/10的人出版过自己的书。大规模经济危机之后这个小国仍然拥有约7000家创意公司和越来越多的创造性工作岗位。

（一）历史大背景促进创新

冰岛远离其他大陆的现实和独立的历史使其具有强大的创造力成为必然，不太丰富的自然资源迫使冰岛人学习诸如使用浮木制作家具等技能，而粮食的生长季节短促使冰岛人学会从几乎任何东西中制作食物。一项研究显示，冰岛人如此富有创造力和创新性是个人、社会、教育和文化综合的结果。

（二）社会大环境关注创新

冰岛的学校和家庭通常给孩子们提供足够多的游戏和探索空间，这既鼓励了想象力，又激发了创造力。冰岛开放的文化和支持性的家庭生活也是培养创造力的关键。冰岛在性别平等方面常年全球第一，夫妻之间的关系非常平等，女性的创造性产出受到很好的支持。冰岛独特的环境从某方面来讲可能非常激发创造力，漫长而黑暗的冬季使人们长时间在室内一起工作，而夏季几乎没有黑天，人们可以不眠不休地进行不间断的创作。冰岛政府在培养国民创造力方面功不可没，冰岛的政策鼓励开发创意产品，相对扁平的社会等级结构能带来更大的创造力②。冰岛在1998年启动的Barnahus模式也是冰岛创新的一大体现，它是一个处理暴力侵害儿童和虐待儿童案件的模式，解决了福利社会的两个重要关切：通过法律处理案件和向受害者提供支持与补偿。该模式目前被推荐为欧洲地区的最佳实践模式，在福利社会处理暴力侵害儿童和虐待儿童案件的方式的转变过程中发挥了

① 吴桐．挪威的创新系统和创新政策［J］．法制与社会，2019（24）：240-241.

② 柯常青．冰岛：创新强国的“秘密”［J］．教育，2012（5）：60-61.

重要的作用，且被推广到所有北欧国家①。

在历史大背景促进形成的创新文化下，冰岛全社会都十分关注创新，由上而下、由宏观到微观地构建了国家有形和无形的创新体系。

## 第三节 北欧优势产业

北欧从20世纪初开始逐渐成为发达国家集聚的区域，各种产业都绽放光芒，种类繁多。每个北欧国家依据自身的特点和资源优势，发展各自的优势产业。从21世纪以来，北欧国家的发展逐渐转向节能型、环保型，创新引领的技术力量促使各产业优势越来越明显，发展战略的变化使北欧产业在原有的基础上转型升级，聚集了一批有全球影响力的产业和全球化的优势产业。

### 一、瑞典优势产业

瑞典是面积最大的北欧国家，大片的森林和众多的湖泊使其有“森林和湖泊王国”之美誉。瑞典社会的氛围极其自由和平等，为瑞典工业发展创造了良好的社会基础。瑞典工业的发展从造纸业、炼铁和铁加工业开始，同时辅以完善的环保相关法律和措施，逐步走上了一条以创新和节能环保为显著特征的发展道路。

经过长期的发展，瑞典成为了一个以混合经济为特点的产业强国。瑞典不仅在以矿业、机械制造业、造纸业、电力设备产业等为代表的传统制造业上具有强大的实力，在一些新型产业上也颇具规模和世界级的影响力，如生命科学、清洁能源、信息通信等。瑞典除了具有人均最多的全球500

① Johansson S, Stefansen K. Policy-making for the diffusion of social innovations: The case of the Barnahus model in the Nordic region and the broader European context [J]. Innovation: The European Journal of Social Science Research, 2020, 33 (1): 4-20.

强和国际化大企业外，还有大量在细分领域具有全球技术优势的中型、小型加工制造和节能环保类企业。总体来说，瑞典的产业优势十分显著。

凭借着显著的产业优势，瑞典十分重视对外的技术输出和产业拓展，它是欧洲对中国技术出口最多的国家之一，十分重视对中国市场的投资和拓展。在中国投资的比较知名的瑞士企业有爱立信、沃尔沃、ABB、阿斯利康、阿特拉斯·科普柯、山特维克、斯凯孚、奥托立夫、伊莱克斯、亚萨合莱、海克斯康。还有一些企业虽然在中国投资不多，但企业规模比较大，如 Boliden、SSAB、萨博等。

## 二、芬兰优势产业

芬兰的国土面积和总人口不及瑞典，但是湖泊数量和森林覆盖率都能与瑞典相比，因此被誉为“千湖之国”。

凭借着资源优势和地理位置优势，芬兰发展成了一个高度工业化、自由化的国家。芬兰的传统优势产业为林业、金属、化工和食品工业，而新兴的优势产业为互联网和信息技术产业，以及能源和环境相关产业（见表2-2）。21 世纪，互联网、信息技术和信息通信技术已经成为芬兰经济的三大支柱。除了这些领域之外，芬兰在能源效率、清洁工艺、节水、废物管理和环境监测方面也是技术领先者。自 2008 年经济危机以来，芬兰和中国一直在一些领域开展合作。

**表 2-2　芬兰优势产业**

| 产业种类 | 著名企业 |
|---|---|
| 森林工业 | 芬欧汇川、斯道拉恩索、美卓 |
| 金属和制造业 | 奥托昆普、奥图泰、瓦西兰、通力 |
| 化学工业 | 凯米拉 |
| 食品工业 | 蔚优、莱泰祥 |
| 网络和通信业 | 诺基亚、Benefon、Supercell |

## 三、丹麦优势产业

丹麦拥有平坦的地势和相对温暖的气候，而且还是世界童话大师安徒生的故乡，这些元素赋予了丹麦童话般美丽的田园风光，使其被称为“田园之国”和“童话王国”。

丹麦在生物科学、清洁技术和海洋学方面具有一流的科研水平，其创意和设计产业也是北欧设计的杰出代表（见表2-3）。总体来说，丹麦优势产业包括航运业、医药业、节能环保产业，以及农业、渔业与食品业。除此之外，丹麦也被认为是世界上拥有最佳能源解决方案的国家之一，实现了高效、清洁和可持续的能源发展。

**表2-3　丹麦优势产业**

| 产业种类 | 著名企业 |
|---|---|
| 生物技术 | 诺和诺德（糖尿病医药和设备企业）、诺维信（酶制剂公司）、康乐保（健康与医疗护理）、ALK（过敏疫苗）、Ambu（医疗支持设备）、Lundbeck（神经系统疾病） |
| 农业、渔业 | 猪肉出口企业丹麦皇冠、貂皮原皮出口企业哥本哈根皮草、知名牛奶和奶制品企业阿尔乐、啤酒企业嘉士伯等 |
| 创意和设计 | 乐高、爱步、潘多拉、琥珀屋、皇家哥本哈根、丹拿等 |

## 四、挪威优势产业

挪威被称为“峡湾之国”，因为它的海岸线漫长而曲折，西部有四个壮观的峡湾——松恩、哈当厄尔、盖朗厄尔和吕瑟，这些峡湾在全世界都很有名。

挪威海上油气资源和渔业资源比较丰富，得益于该优势，目前油气产业是挪威主导产业，海洋水产养殖技术已经进入了一个现代的、完全数字化管理的时代。此外，挪威还发展了几个世界级的产业，包括石油与天然气行业、海事（全球船舶与海洋工程技术中心）及海产业三大全球性行业，以及三个重要的配套型知识产业：金融业、信息通信技术产业和知识服务业。此外，挪威近年来新兴技术产业也发展迅速，如医疗技术、清洁技术和生物技术，而且它在环境技术的研究和开发方面也处于领先地位。

挪威的全球知名企业有 Statoil、海德鲁（铝业和可再生能源）、萨帕（铝业）、雅拉国际（化肥、环保材料等）、奥克拉（渔业、消费品、涂料等）、美威（鲑鱼、鳟鱼生产和加工企业）、有埃肯（全球技术领先的高精度硅材料企业）、Ekornes（挪威“国宝级”家具公司）等。

## 五、冰岛优势产业

冰岛的湖泊和森林资源并不丰富，但其特点是有大量的火山。在该国的 200 多座火山中，约有 30 座是活火山，因此成为了世界上温泉最多的国家，被称为“火山之国”。

虽然经济体量比较小，但冰岛是一个高度发达的国家，拥有自己的支柱产业和优势产业——渔业。除此之外，冰岛在以炼铝、炼钢、水泥建材之类的高耗能工业为主的传统工业方面也颇具优势。

近年来，冰岛十分重视实体经济和创新经济发展。由于良好的旅游资源，冰岛的旅游业得到了很大的发展和进步，目前旅游业已经成为对经济贡献非常大的产业。除此以外，通过鼓励创新等相关政策，其生物制药、软件业也得到了较快发展。

## 六、北欧产业集群

产业集群的概念是由哈佛商学院的迈克尔·波特教授于 1990 年在其《国家的竞争优势》一书中提出的，特指在某一特定领域具有竞争和合作关系的公司群体，以及有商业关联的专业供应商、服务供应商、金融机构、相关行业的生产商和其他相关机构。

### （一）丹麦生物医药产业集群

丹麦的医药产业最著名的是欧洲最大的生物技术产业集群——哥本哈根的生物技术产业集群，它是欧洲最大的生物技术产业集群，有 100 多家不同规模的生物技术公司在运营和发展。

1. TransCon 降低了药物释放的速度，研发了一种治疗慢性疾病的“长效药”

慢性病治疗失败的主要原因之一是药物治疗的依从性差。为了解决这个问题，Ascendis 制药公司应运而生。作为一家开发罕见疾病药物的生物技术公司，该公司利用 TransCon 技术为罕见疾病开发功效良好的“长效药”，以满足当今患者的需求。

2. 欧洲生物技术公司 Genmab 以分化抗体疗法治疗癌症

Genmab 是一家生物技术公司，开发治疗各种威胁生命的疾病（如癌症和炎症）的抗体。该公司的核心技术是分化抗体疗法，即把病变细胞作为体内的“自生抗原”，然后利用杂交瘤和重组 DNA 技术，在体外产生与这种抗原特异性结合的抗体，并注射到患者体内，以治疗癌症。

3. 克服单克隆抗体治疗局限，重组多克隆抗体，开创癌症新疗法

Symphogen 是一家开发用于癌症、传染病的重组多克隆抗体的生物技术公司。Symphogen 拥有 Symplex 药物发现平台和 Sympress 药物制造平台的专利，正在研究十多种开创癌症新疗法的药物。

4. 用削弱癌细胞免疫活动的药物来治疗癌症，IO Biotech 开辟癌症治疗新方法

IO Biotech 是免疫肿瘤学领域的主要参与者，开创破坏性免疫疗法，利用多肽调节 T 细胞活性，释放免疫抑制细胞，对病变细胞的免疫活动发出信号，从而消灭癌细胞。这种机制直接杀死免疫抑制细胞和肿瘤细胞，间接激活 T 细胞效应器，导致强烈的抗肿瘤反应。

5. Orphazyme 专门研究热休克蛋白，恢复折叠错误的蛋白质的三维结构

Orphazyme 是一家开发罕见疾病药物的公司，专注于创新治疗由蛋白质错误折叠引起的疾病。该公司的药物发现技术基于热休克蛋白，热休克蛋白是一种天然的细胞防御机制，当错误折叠的蛋白质和功能失调的细胞被回收时，它能使其他蛋白质正常运作并防止中毒，起到了细胞拯救者的作用。Orphazyme 开发了应激反应型热休克蛋白，以刺激热休克蛋白的生长，

从而治疗相关疾病。

6. 研究半乳糖凝集素，Galecto专治特发性肺纤维化

Galecto生物技术公司的名字来自其核心技术——半乳糖凝集素调节剂，该公司通过十多年对半乳糖凝集素和半乳糖调节剂的研究，致力于治疗各种严重疾病，如纤维化、癌症和炎症。该公司的主导产品半乳糖素-3抑制剂TD139，是一种通过阻断半乳糖素-3与碳水化合物结构的结合来控制各种免疫和炎症过程的分子。

7. 曾与美国国防部合作，Bavarian Nordic研发天花等强传染病疫苗

Bavarian Nordic是一家活跃的疫苗生物技术公司，专注于三个领域：生物防御、传染病和癌症，开发了针对天花、埃博拉病毒和艾滋病毒等烈性传染病的疫苗，并与美国国防部合作开发了针对伯克霍尔德菌等细菌的疫苗，以应对潜在的生物恐怖袭击。

8. 诺维信将其酶和微生物应用扩展到10多个行业，并在130多个国家将其产品商业化

来自哥本哈根的诺维信生物技术公司能够将洗涤剂、纺织、食品、皮革、造纸、饲料、啤酒、淀粉制糖、燃料乙醇、高尔夫草坪等这些毫无关联的行业紧密联系在一起。诺维信公司对酶和微生物的研究世界领先，该公司在130多个国家推出了700多种产品，包括洗涤剂、生物燃料、食品和许多其他产品。

9. 父为女投身神经瘤领域，创立公司，推动儿科肿瘤学发展

Y-mAbs是一家利用免疫疗法治疗癌症的生物制品公司，该公司的主要目标受众是需要接受癌症治疗的儿童，研究重点是成人神经母细胞瘤，这是婴儿和儿童中最常见的肿瘤类型，美国每年约有700例儿童肿瘤。Y-mAbs已经有两种治疗神经母细胞瘤和其他一些癌症的药物，即Naxitamab和Omburtamab，它们分别针对表达GD2和B7-H3基因的肿瘤。

（二）瑞典信息通信技术产业集群

Kista科技园也被称为“移动谷”，位于斯德哥尔摩北郊，是瑞典最大的科技园和信息通信技术集群。它成立于1976年，当时IBM和爱立信在那里

设立了分支机构。基于瑞典通信技术和支持企业的发展，Kista 科技园建立了一个以通信为基础的 IT 产业链，吸引了越来越多的通信技术公司，以适应多媒体应用的发展趋势。

目前，占地 200 万平方米的 Kista 科技园是爱立信等瑞典大型 ICT 公司的总部所在地，也是 IBM、微软、英特尔和华为等跨国公司的欧洲分支机构，以及大量创新型中小企业的所在地。

## 第四节　主要创新

### 一、技术创新

#### （一）丹麦技术

1. 风力发电

丹麦目前是世界上最大的风力发电设备制造国和世界上最大的风力发电国之一。从某种意义上说，丹麦的白色风车不仅是该国美丽风景的一部分，也是其能源和出口经济的重要支柱。丹麦风力发电量已接近全国用电量的 50%，且世界上 60%以上的风轮制造厂都在使用丹麦的技术。丹麦的风力发电技术离不开政府的支持，丹麦政府为达成新能源发展目标，大力支持风能研发，以一系列财政补贴和税收减免政策保驾护航，同时还实行了绿色标识计划。除此之外，科技机构支持风能的研究和全民参与风电发展，为丹麦的风力发电贡献了极大的力量，使风力发电技术成为丹麦的一块技术招牌。

2. 制药技术

医药行业占丹麦出口的 11%，是国家外贸经济的重要支柱。尽管人口不多，但丹麦是世界上人均临床试验率最高的国家之一，并拥有欧洲第三大商业药物产品开发线。提起丹麦的制药技术，最具代表性的就是丹麦药谷，这里拥有 14 所顶尖大学、6 所大学医院、7 个科技园区、550 多名博士生和 5500 多名研究人员。在以糖尿病、癌症、心血管疾病等为主的医学领域造诣颇深。世界上有许多医药巨头来自丹麦，如诺和诺德、利奥、灵北等。重视研发、临床试验便捷、巨大的生物样本库和政府的大力支持为丹麦制药技术的发展添砖加瓦。

3. 机器人

丹麦是世界上最佳的机器人和无人机测试市场之一，也是全球数字化程度最高的国家之一。在高度互联的社会中，丹麦科技者对机器人领域一直保持着开放的态度，世界级制造商、机器人基地、全尺度测试设施等聚集于此。在机器人产业发展中，奥尔堡大学、丹麦技术大学和南丹麦大学等高校发挥了重要力量，机器人产业的就业环境也很好，并且政府对机器人产业的投资源源不断，使丹麦机器人产业得到了长足的发展。

4. 量子物理研究

丹麦物理学家玻尔是丹麦量子物理研究领域的领军人物。他在哥本哈根大学获得博士学位，是丹麦皇家科学院院士和丹麦皇家科学与文学院的金奖得主，是曼彻斯特大学和剑桥大学的荣誉院士，并于 1922 年获得诺贝尔物理学奖。玻尔毕生致力于量子物理学的研究，对 20 世纪物理学的发展产生了重大影响，提出量子有效性的条件，建立玻尔模型来解释氢原子的光谱，提出互补性原则和哥本哈根解释来解释量子力学。

（二）瑞典技术

1. 通信技术

关于瑞典的通信技术，有必要提及位于瑞典首都斯德哥尔摩和奥兰达机场之间的 Kista 科技园。Kista 科技园是瑞典最大、最负盛名的科技园区，在信息通信技术领域的创新能力位居世界前列，科技园内的企业超过 1000 家，囊括了爱立信、诺基亚、IBM、惠普等信息通信行业的巨头。它的成功可以归功于两个主要因素：第一，瑞典是欧洲第一个全面放开电信的国家，促使了 ICT 部门的蓬勃发展；第二，通过营造独特的创新发展环境来吸引世界优秀企业和高端的科技人才，并建立起了一整套高效的服务体系和企业间的交流网络，带动了园区内中小企业的发展。

2. 建筑技术

瑞典的建筑技术在世界上处于顶尖水平，其中最具代表性的便是可持续性建筑。瑞典的零耗能建筑十分有名，以瑞典著名的皇家海港生态城项目为例，生态城应用大量创新清洁技术，使用封闭式垃圾自动收集系统，以非常高的能源和环境标准，打造一个愉快、有活力和可持续的生态环境，同时最大限度地满足用户需求。除此之外，瑞典还有很多可持续建筑范本，如 Stenhöga 瑞典可持续办公楼、Muttenz 净水厂、Equmenia 教堂，都是围绕着可持续理念进行设计和建造的。

（三）芬兰技术

1. 通信技术

芬兰是世界闻名的通信技术强国，其信息通信技术和移动产业公司的发展水平都位居世界前列。2017 年习近平主席对芬兰进行友好国事访问后，发表了关于建立和促进中华人民共和国和芬兰共和国之间新视角伙伴关系的联合声明，中国和芬兰在通信技术领域进行了合作和协同。

2. 游戏产业

芬兰的游戏产业十分发达，近年来手游行业的发展尤其成熟和迅速。芬兰是许多世界知名游戏公司的所在地，包括推出了《卡通农场》《部落冲突》《海岛奇兵》和《皇室战争》四款收入破 10 亿美元的游戏的超级明星公司 Supercell、《登山赛车》开发商 Fingersoft、《愤怒的小鸟 2》的开发公司 Rovio，以及历史悠久的游戏公司 Remedy Entertainment。除了游戏公司，芬兰游戏产业的一个重要部分是凭借小众游戏实现成功的独立游戏工作室。随着游戏产业的变迁，芬兰游戏产业凭借着创新精神成功完成了转型，保持了在游戏领域的领先水平。

（四）挪威技术

1. 肥料技术

挪威在化肥技术方面处于世界领先地位。多年来，挪威农业大学不仅对一些农业技术作出了重大贡献，还是世界农业技术人才培养的摇篮。挪威的化肥技术对中国也很有帮助，挪威著名的农业技术公司诺泰尔已经为几十种作物开发了氮磷协同和土壤酸碱度智能控制的营养管理方案，体现了挪威肥料技术的进步和精湛。

2. 海上石油

挪威的海上石油业十分发达，挪威国家石油公司及其合作伙伴在挪威大陆架发现了一个极大的油田。除此之外，挪威国家石油公司为积极践行能源转型，开发了大量新能源项目，如和 Engie 合作开发的低碳制氢项目、拟建世界首座海上浮动式太阳能电站、建设海上碳捕获封存制氢厂、在巴西申请开发全球海上风电项目等。

（五）冰岛技术

冰岛是世界上渔业最发达和最具竞争力的国家之一，其发展高度依赖于海洋生态系统和可持续渔业，渔业一直占国内生产总值的很大份额，是国民经济的关键部分。冰岛最早的鱼类出口可以追溯到 12 世纪，反映了该国在渔业方面的悠久历史和经验。冰岛人非常重视鱼类资源，尊重海洋资源，通过可持续和负责任的捕鱼计划，向市场提供优质产品，此外也积极设立本国法律和参与国际协议以保护海洋资源。

## 二、思想创新

（一）北欧女性意识强

北欧是许多人向往的地方，一代代淳朴的北欧人坚持信仰、努力奋斗成就了今天的北欧。在男女平权方面，北欧人为之付出的努力和得到的成果是有目共睹的。北欧的孩子自幼儿园起便被灌输男女平等的观念，并且在教育中得到实践和体会。在瑞典，政府的选举遵循男女平等的原则，让女性的声音被听到、让女性的权利被维护。在冰岛职场中不存在男女同工不同薪的现象，法律对男女薪酬的平等作出了规定。在挪威，《性别平等法》的实施使女性在教育、就业和职业发展中与男性享有同等的机会。在芬兰，超过半数的外交官是女性，第一位女总统的出现也让芬兰政坛的男女平等得到了体现。

多元文化的发展使北欧女性的职场成就更加卓越，也使北欧女性的职场发展空间更为广阔。女市长、女议员、女主教、女总统，这些曾经为男性专属的职业也成为了女性绽放魅力的平台。除此之外，各种促进女性职场绽放光芒的活动也层出不穷，使女性力量在各个职场发光发热。

（二）芬兰的年轻女总理

作为全球最年轻、芬兰历史上的第三位女性总理，桑娜·马林成长在一个同性家庭中，她的两位母亲正是她自信的力量来源，使她拥有了努力的动力和源泉。大学期间，她在芬兰的坦佩雷大学拿到两个学士学位，在短短七年的工作时间里，她从坦佩雷市议会议员成为了国家总理。同时，她也有跟普通女性一样幸福的家庭生活，会在社交平台上分享生活的小幸福。

1906 的《议会法》规定了芬兰国内男女均享有选举权和参选权，这为芬兰女性投身政治事业打开了大门。女性从政数量的增加、活跃的妇女运动，使芬兰女性获得了更多的权利，也使芬兰的男女平等制度更加完善。在 2019 年 GIWPS 发布的世界性别平等国家的排名中，芬兰位居世界第三。这也表明了芬兰在全世界中对女性的尊重度较高，男女区别对待的程度低①。

## 三、食品创新

（一）纯净又创新的芬兰食品

作为世界上最环保的国家之一，芬兰非常重视食品安全和质量。清新的空气、纯净的水源、优越的自然环境为北欧食品的创新奠定了良好的基础，使北欧食品走在了创新和健康的前沿。北欧独特的气候孕育了既营养又美味、几乎没有杀虫剂的食物原材料。总体来说，芬兰食品兼具口感和健康，而且其创新元素的注入也让食品在安全的基础上更加多元化。

---

① 黄粹．北欧妇女组织兴盛的制度环境分析［J］．大连理工大学学报（社会科学版），2014，35（2）：34-38.

（二）北欧食品创新孵化器

芬兰国家技术研究中心为食品初创企业设立了一个创新孵化项目，以帮助食品初创企业快速成长并进入国际市场，促进可持续食品系统的发展。有10个小组启动了涵盖可持续食品不同领域的项目，包括替代动植物蛋白的研究和开发、现代农业系统及可持续食品零售和储存方法的创新。该项目为食品行业带来了新的创新活力和可持续发展的新视野。此外，这些北欧食品创新项目涉及产品开发、现代农业、零售或储存等多个方面，其中最受欢迎的创新领域是植物和动物替代蛋白，以期在未来用新型蛋白逐渐改变人们的饮食结构，实现饮食领域的革新。

（三）饮食新方式——开放式三明治

北欧饮食比较健康，它以北欧食品为基础，依靠冬季蔬菜、浆果及淡水鱼等季节性食物来满足人们对食品新鲜度和摄入量的需求，同时兼顾口味与营养，受到人们的喜爱。北欧饮食可以用四个关键词概况：健康、美味、北欧特色和可持续性①。开放式三明治是充分体现新北欧饮食方式的极具特色的食物，其精髓在于用无限的创意去随心所欲创作。一个完美的丹麦经典开放式三明治由一片黑面包、当季新鲜的蔬菜、新鲜丰富的高蛋白、美味特调的酱汁四个部分组成。

（四）农业食品公司的创新

农业食品公司的创新能力对其利润增长具有积极影响。在欧洲，尤其是北欧地区，高水平经济产出的农业食品行业内发生着许多创新现象。食品行业的创新深受文化遗产、习惯和制度的影响，欧洲相当大的文化差异导致了不同地区的不同创新，北欧和南欧国家在饮食文化和烹饪方法上的差异最为明显。北欧的食品创新大多体现在政策倡议方面，媒介、媒体和社会人口特征影响食品创新接受度，新的创新政策遵循更多的社会分布和

① 张睿梅．朴实无华的北欧之珠　风味独特的瑞典美食——访中国瑞典建交60周年庆典暨晚宴总厨 Gunnar Eriksson 先生［J］．中国食品，2010（13）：92-93.

跨学科模式[①]。

## 四、制度创新

### （一）北欧“自由通行权”

瑞典宪法规定：“每个人都有权利接触自然”，这被称为“自由通行权”，意味着每个人都有权在大自然中自由行动，即使是私人森林或林地，但行使这一权利的同时也需要承担保护自然环境和避免伤害野生动物的义务。世界卫生组织除了从身体和精神方面定义健康，还从社会层面定义健康。生态健康是人类尊重自然的一种表现，保护人类赖以生存的空气、水、土壤和野生动植物意味着保护我们自己。

### （二）人性化的公共空间

哥本哈根人性化的公共空间使这个城市的生活方式十分随意，骑单车兜风、漫步在森林间等构建了丹麦独特的绿色出行网络。哥本哈根选择以自行车及慢行为核心的交通发展策略，在交通法规中对慢行和自行车的路权分配有着绝对明确的倾向，不仅体现在人行道的宽度上，还可以从市区内遍布的优美舒适的步行桥上感受到。除此之外，共享单车在丹麦的交通规则中并不被允许，且城市公共空间的使用必须是有序的。

哥本哈根政府从未停止对公共空间人性化的规划。从 1980 年的第一个自行车道计划，到政府 1997 年大力发展公共交通的《交通与环境计划》，然后到 2000 年制定自行车发展目标的《城市交通改善计划》，再到具体《自行车道优先计划》和《自行车绿道计划》的实施，以及 2002 年发布的《自行车政策 2002-2012》和后续围绕自行车发展的系列计划，自行车交通已经全面融入到哥本哈根城市规划管理工作的各个层面[②]。

### （三）农村地区的制度创新

北欧国家的农村地区经常面临人口变化和公共服务关闭等挑战。为了

---

① Savino T，Testa S，Petruzzelli A M. Researcher understanding of food innovations in Nordic and Southern European countries：A systematic literature review ［J］. Trends in Food Science & Technology，2018（77）：54-63.

② 麻乐 . 城市自行车道改善及路网规划研究［D］. 西安：长安大学，2013.

解决这一问题，一些农村社区制定了可称为社会创新的解决方案。在社区驱动的社会创新的不同阶段，不同行动者在每个项目开发中的重要性略有区别，区成员、民间社会组织、地方公共部门、私营部门及区域和国家当局在这些项目的启动和实施过程中各自的参与程度有所不同。除此之外，每个社区驱动的社会创新项目的启动和实施之间有差异，启动阶段高度依赖社区成员、民间社会组织和地方公共部门，而实施阶段主要由民间社会组织主导，发起和维持社区推动的项目的核心是地方行动者发展想法、寻找资源和管理决策的能力①。

## 五、文学创新

北欧文学发端于北欧创新的文化氛围之下，21 世纪以来不断追求突破和变革，其内容与形式的可塑性得到了增强，作家群越来越活跃、出版量越来越多，出版商团队越来越国际化，总体来说北欧文学呈现出新现象。

### （一）北欧犯罪文学

在北欧各国的图书销售总量中，犯罪小说占据了巨大的体量。以瑞典犯罪小说为例，其综合了文学、娱乐和政治元素。21 世纪北欧犯罪小说的成功一方面是因为素材的多样化，凶险犯罪、日常生活、浪漫爱情等元素一应俱全，扩大了读者面。另一方面是创作手法的进步，以对日常生活的环境和细节的逼真描绘来进行小说框架的构建。全球化的发展使世界发生着变革，女性运动新浪潮、瘟疫、气候变暖、难民问题等社会问题的出现让人们对安逸的社会环境有了向往。北欧犯罪小说在一定程度上利用了这一心理，将犯罪与田园诗的自然环境相结合，带来了前所未有的新型文学体验。

### （二）北欧自传文学

北欧文学里一直流淌着自传小说的基因，21 世纪之后北欧文学寻求突

① Jungsberg L，Copus A，Herslund L B，et al. Key actors in community-driven social innovation in rural areas in the Nordic countries ［J］. Journal of Rural Studies，2020（79）：276-285.

破，由传统的自传文学走向了“自我虚构”，《我的奋斗》便是一大代表。以冰岛为例，虽然传记和自传一直很受追捧，但是“自我虚构”小说的出现取代了它们的地位。换句话说，“自我虚构”的流行是北欧文学的一个极大变化和巨大创新。

## 六、教育创新

### （一）重视职业规划

北欧教育十分重视职业规划教育，其目的是帮助学生更好地了解职业所需的技能，帮助他们更深入地了解自己的能力并确定自己的身份。以芬兰为例，多年前就开设了职业规划课程，为了解决教育资源不平等的问题，以及很多孩子因为家庭背景不同、父母的教育水平不同，导致他们缺乏自信的情况。在芬兰，职业规划的第一步是在中小学开设职业规划课，学生可以在专业指导教师的帮助下规划自己的未来。职业规划课在芬兰的中学阶段每周开设 2.5 小时，内容包括职业信息、对父母职业和收入的准确了解，以及在暑期出国旅行时学会明智地花钱。在芬兰，职业规划的第二步是帮助学生到现实生活中实践。政府职能部门、学校的职业规划教育和大学的教师培训是芬兰职业规划教育的三条主线，帮助人们了解自己，并在社会中找到自己的正确位置①。

### （二）全球基础教育领跑者——芬兰

芬兰是一个高度发达的资本主义国家，实行自由化的市场经济，被称为“千湖之国”和“千岛之国”，生活水平非常高。20 世纪 70 年代②，芬兰对基础教育进行了改革，建立了一个基于公平和包容概念的教育体系。在芬兰，所有的学生无论其社会经济地位、资历和地理位置如何，都可以接受九年同等质量的小学教育，之后可以免费进入中学或职业学校接受教

① 何隽．芬兰大学研究型人才职业发展教育：亲历与思考［J］．时代教育，2014（23）：1，18.

② 于凌珊．芬兰全纳教育的经验及其启示［J］．现代特殊教育，2019（3）：73-76.

育[①]。总的来说，芬兰的教育体系基于公平和包容的理念，拥有高度的教师自主权、地方和个性化的课程及各种评估工具[②]，构建了芬兰“双轨制”教育体系，最终成为了全球基础教育的领跑者[③]。

## 七、绿色创新

### （一）塑料垃圾新处理

随着社会的发展，越来越多的塑料垃圾在海里堆积。据联合国环境规划署（UNEP）2021 年发布的《从污染到解决方案：全球海洋垃圾和塑料污染评估》报告，全世界有 85%的海洋垃圾都是塑料。大自然永远是生活中不可缺少的一部分，怀着对自然环境如此根深蒂固的尊敬，创新者们持之以恒地寻找出路，减轻环境压力，不断发明新材料，让世界变成一个更干净、更美好的家园，以支持更长远的发展。比如，芬兰泳衣品牌 Halla 的游泳衣面料是由海洋塑料垃圾回收加工制成的；设在赫尔辛基的 Sulapac 公司开发的可降解有机、无微塑料材料由木材和植物黏合剂制成，这种有潜力的环保材料得到了世界关注，该公司已获得了可观的融资，并且在摩纳哥、柏林和巴黎都获得了奖项；Woodio 是另一家开发创新木制品的公司，它们首创了全球第一个由木屑废料制成、完全防水的洗脸盆和浴缸，该公司针对陶瓷工业所带来的重度污染提出了可持续发展解决方案，最近也获得了芬兰的 Fennia 设计大奖；Paptic 公司为创建更具有持续性的星球而跨出了新的一步，为回应多个国家禁用塑料袋的政策，其开发了基于木纤维的可再生、可再利用、可回收的新材料，该方案在具有可持续性发展理念的品牌和零售商中很受欢迎。

### （二）北欧新能源

能源创新是未来很长一段时间内减缓全球变暖和应对气候变化的关键

① 芬兰：“小”国“大”教育［J］. 共产党员，2019（3）：62.

② 窦桂梅. 北欧教育印象：为每个受教育者的一生发展奠基［J］. 中小学管理，2018（7）：52-54.

③ 钱文丹. 芬兰：生活教育也是必修课［J］. 人民教育，2018（17）：76-79.

要素，公共研发机制的改进可能会改善能源创新的资源配置[①]。在北欧，为了实现能源创新这一目标，各国关注生物燃料、太阳能和风能，通过知识溢出模型帮助决策者制定有效的政策，在国内研发支出和知识溢出之间实现平衡。总体来说，北欧各国十分重视新能源的发展[②]。

此外，在北欧，可再生能源与技术创新之间存在着直接因果关系。丹麦和挪威的技术创新与可再生能源之间存在单向因果关系，瑞典和芬兰的可再生能源与创新之间存在单向因果关系。造成结果差异的主要原因可能是能源结构、核能的作用、不同的经济结构和政策的作用。总体来看，技术创新在可再生能源消费中发挥了有效作用，而可再生能源本身也刺激了创新[③]。

## 八、设计创新

北欧设计一直与简约、重功能、环保、民主和社会责任感等联系到一起，越来越受到年轻人的追捧，它不仅代表着一种地域流派，更是传承和创新完美结合的代名词。

### （一）北欧风的定义

北欧风是指挪威、丹麦、瑞典、芬兰及冰岛等北欧国家的艺术设计风格，具有简约、自然、人性化的特点[④]。实际上，北欧风是中文专属词汇，其最早流派的名称来自百年前就十分风靡的斯堪的纳维亚设计，北欧在吸收了其中现代主义积极元素的同时一直保持自己的民族特色。虽然随着各个国家的发展，北欧各国的设计风格有所区别，各有特色，但是它们的共性是在美观舒适的基础上讲求功能性，以人为本，去除浮华的装饰，保留

---

① Miremadi I, Saboohi Y, Jacobsson S. Assessing the performance of energy innovation systems: Towards an established set of indicators ［J］. Energy Research and Social Science, 2018 (40): 159-176.

② Miremadi I, Saboohi Y, Arasti M. The influence of public R&D and knowledge spillovers on the development of renewable energy sources: The case of the Nordic countries ［J］. Technological Forecasting and Social Change, 2019 (146): 450-463.

③ Manuchehr Irandoust. Innovations and renewables in the Nordic countries: A panel causality approach ［J］. Technology in Society, 2018 (54): 87-92.

④ 你了解真正的“北欧风”吗？［J］. 环境经济，2019（17）：66-69.

最本真的功能。换句话说，北欧的极简是希望人们聚焦于物件本身。比如，总部位于瑞典的 Note 是一家极具创意的设计工作室，其产品设计具有明显的北欧色彩，意大利著名创意品牌 Magis 的展馆设计便出自 Note。总之，北欧风格注重实用性、环保、简约和明了。

（二）北欧设计的发展

北欧设计的发展可以分为两个主要阶段：第一阶段，从 19 世纪到二战，是传统的北欧设计；第二阶段，从二战到现在，是在全世界流行的北欧设计风格。

在第一阶段，北欧设计的最佳代表是具有强烈贵族品位的陶瓷和玻璃器皿，这种风格并非起源于北欧，但在那里却非常流行。总体来说，这一时期的北欧设计风格并不明确，设计产品也仅限于手工艺品。第二阶段是北欧风格形成的重要过程。在第二阶段，二战结束后北欧各国致力于发展成为注重民生的高福利发达国家，这一方面对战后受战争重创的北欧设计的振兴起到了积极的推动作用，在北欧的战后重建中涌现出了一大批设计需求，各类设计展层出不穷，使得北欧设计有机会进行传播；另一方面国家的发展理念影响设计的理念，平等的社会环境需要的设计产品应当是适用于广大群众的审美需求的，因此北欧设计坚持为普通人设计，形成了一种自下而上的设计文化风气。在经过了一系列的发展之后，北欧风格逐渐形成了自身完整的体系。

（三）北欧设计风格的形成原因

北欧风格的形成与地理环境、社会人文、外来设计风格的影响息息相关。

在地理环境方面，北欧由于靠近北极圈，气候非常寒冷，冬季漫长，所以北欧人很多时间都是在室内度过的，十分关注室内的各种设计。另外由于北欧森林资源丰富，北欧人十分重视木材在产品设计中的重点使用。

在人文因素方面，北欧国家的福利制度营造了北欧社会平等的氛围，因此在设计方面需要满足大众化的需求。值得一提的是丹麦裔挪威小说家 Aksel Sandemose 的挪威语小说《难民迷影》中提到的杨特定律，它使北欧人形成了一种低调内敛、自我约束、摒弃浮夸、注重使用、喜好朴素的偏好，深深地影响了北欧风格的形成。

在外来设计风格的影响方面，北欧风格在起初受到了西欧国家的影响，其中北欧手工艺品受到的影响最为显著。北欧风格也受到了以中国明朝家具和日本乡村家具为代表的东南亚国家家具设计风格的影响，如青花瓷、釉下彩绘工艺等受到了北欧设计师的青睐，并应用于北欧设计之中。

（四）北欧著名设计师

北欧设计师以北欧风为基础，在设计中强调传统工艺概念和现代设计实践的结合，并努力设计出仿照自然形式、传承自然基因的家具。20 世纪以来，北欧设计师的设计作品闻名于世，其中具有代表性的便是丹麦设计师的作品悉尼歌剧院。这些具有划时代意义的设计作品，完美地诠释了北欧风的中心，演绎了北欧独有的生活美学。北欧著名设计师有被称为“椅匠中的椅匠”的丹麦设计师汉斯·瓦格纳，代表性的作品包括孔雀椅、贝壳椅、肯尼迪椅、中国椅、Y 椅等；丹麦设计师保罗·汉宁森是第一个提出人性化照明的人，代表作“PH”灯具系列是北欧风的典型代表；在设计中导入现代主义设计理念的第一人是丹麦设计师安恩·雅各布森，他将丹麦的传统材料与国际风格相结合；具有强悍设计理念的丹麦当代风格设计师芬·居尔，对设计艺术性极其重视；丹麦家具设计师布吉·莫根森，将家具设计推向现代化与平民化；“芬兰设计之父”阿尔瓦·阿尔托，其设计遍布芬兰的家家户户，对整个芬兰的生活美学和设计产生了重要影响；第一个将人体工程学引入座椅设计的设计师约里奥·库卡波罗，是一位坚定的功能主义者，设计的椅子曾被誉为“世界上最舒适的座椅”；瑞典国王的儿子 Sigvard Bernadotte 关注产品的功能性和视觉美感，设计了很多餐桌用品。

# 第五节　北欧创新与他国创新的对比

## 一、北欧创新与美国创新

美国模式的创新可以说是有并行进化算法的多层神经网络，新、小企业众多，新技术层出不穷。公司、团队和非营利组织间没有分明的界限，智力资源有各种自由组合，分散性地从事研发。企业、团队也接受市场的检验，适者生存。在“并行”的创新网络中，研发创造活动极为活跃，有利的创新有机会迅速扩大影响，甚至影响产业生态。

美国是世界领先的经济和技术大国，其竞争力的基础是创造了“经济—科技—经济”循环的国家创新体系。美国为了更好地促进创新的产生，推进了智力资源和经济资源的自由组合、完善的产权保护和有机创新网络的形成。因此，美国形成的开放自由的学术、金融和商业环境，对知识产权保护友好的法制基础，以及与世界学术、研发、商业环境的一体化，为国家的创新提供了十足的力量。

与美国的创新模式相比，北欧创新更为自由和包容，政府干预少、资助多，创造了一个更为轻松和自由的创新氛围。

## 二、北欧创新与以色列创新

在 WIPO 的 2020 年全球创新指数中，以色列再度成为其所在区域最具创新力的经济体。这个人口约 940 万的小国拥有约 7000 家运营活跃的创业企业，人均初创企业数量全球领先。以色列的创新发明数不胜数：从 U 盘到 QQ 的前身 ICQ，从樱桃番茄到滴灌技术，为什么以色列能在短短的 70 多年里一跃成为世界上最顶尖的创新国家之一？

第一是与不确定性共存，在以色列，社会的动荡使每个人要学习如何应对不确定性，以及如何适应变化的环境；第二是就业市场的包容度，招聘的重点为思维灵活性、快速学习的能力及适应能力；第三是扁平化组织架构，商业环境中各层级没有层层递进的复杂结构。这些特点为以色列的创新发展沉淀了能量。

与以色列创新相比，北欧创新的氛围更为轻松，人们是为了生活得快乐进行创新，而不是像以色列这样出于对环境和自身的需求。

## 本章小结

本章先对北欧国家构建创新体系的途径作了总结性的分析，然后分别对北欧五国的国家创新体系进行了描述和分析，接着从技术创新、思想创新、食品创新、制度创新、文学创新、教育创新、绿色创新和设计创新八个方面对北欧国家的主要创新领域进行了细致的描述，在每个创新领域用典型的例子进行了分析。全章基于第一章的描述，对北欧创新作出了全面的系统性介绍和深入性分析。

# 第三章　案例分析

## 第一节　创新型国家聚焦分析

### 一、芬兰——成为创新领头羊的北欧小国

小国寡民是芬兰的特点，长期的异族统治使得芬兰的发展年限很短，但是在20世纪末，芬兰已经成为一个创新领导者，在循环经济、资源效率、科学技术、教育、养老等领域具有重要的全球领先地位。芬兰之所以成为创新强国，是因为其科技发达，科技发达的三个原因在于其国家创新体系、教育发达、四个新兴产业和八个传统产业的科技要素占比高①。

（一）极为重视创新

以科技立国，以科技强国是芬兰的发展理念。芬兰是一个创新大国，因为它拥有强大的科学技术，基于这一理念，芬兰在教育、研究和开发方面的投资超过了欧盟的平均水平。因此，芬兰在教育、科学和技术方面一直处于世界领先地位，并在世界关键科学和技术领域取得了杰出的成果，

---

① 李玫忆，梁冬梅．北欧“小国”如何成为创新“巨人”［J］．当代县域经济，2017（5）：6-7.

在创新方面处于世界领先地位[①]。芬兰将国家打造成了一个巨型的创业孵化器，任何一个创新的火花都能有迸发的机会，任何一个创新项目都能够获得足够的支持。

芬兰的创新体系有三个层次：第一个层次是主要的政策结构，由芬兰议会、内阁和科技政策委员会组成，负责在最高层面塑造国家创新体系，确定芬兰创新发展的战略方向。第二个层次是教育部与贸易和工业部的政策制定部门，其主要任务是将抽象的战略、政策和高层创新规划的想法转化为可在实践中实施的具体行动。第三个层次由教育部下属的芬兰科学院、议会下属的国家研发基金会和就业与经济部下属的国家技术创新局组成，它们是芬兰创新机构的政策执行和协调单位。它们是通过各种具体的支持措施和财政支持将科学和技术进步转化为实际生产力的主要工具[②]。

（二）覆盖全国的免费教育体系

芬兰的教育始终坚持教育公平的原则，旨在尊重和保护儿童，让每一个孩子都能享受同等的教育资源。为此，芬兰政府积极提供特殊支持服务，以确保有特殊需求的儿童在与普通儿童平等的基础上接受教育。无论是特殊儿童还是普通儿童，无论是生活在大城市还是小村庄，芬兰政府都会确保每个儿童都有平等的受教育机会和同等质量的教育资源[③]。

## 二、瑞典——北欧科技之星

瑞典的面积为 45 万平方千米，其中 70%以上是森林，不到 6%是可耕地，有近 1/6 的国土在北极圈内。从人口来看，瑞典的人口约 920 万，人口密度十分低。相较于其他北欧国家以贸易见长，瑞典是一个以科技发展为主的工业国家，国家创新程度高[④]。

---

① 眭依凡．关于“双一流建设”的理性思考［J］．高等教育研究，2017，38（9）：1-8.

② 樊继达，石建国．芬兰的国家创新驱动战略［N］．学习时报，2016-01-21（002）.

③ 李玫忆，梁冬梅．北欧“小国”如何成为创新“巨人”［J］．当代县域经济，2017（5）：6-7.

④ 杨洋，张艳秋．瑞典的科技创新模式：演变与挑战［J］．全球科技经济瞭望，2017，32（10）：1-7.

（一）瑞典的创新动力源泉

瑞典的创新乃至发展动力源于以下几个方面：各阶段的免费教育；雇佣关系的明晰、灵活、互信——无论单位性质如何，长期合同雇员都有权停薪留职去发展自己的兴趣，雇主也不干涉员工工作时间以外的活动；劳动没有高低贵贱之分，多数人享受自己动手的乐趣，缝纫、木工是学校基本课程，动手能力、实践思维是工业设计的基础；社会福利确保创业者无失败风险带来的基本生活条件之忧；社会总体脑力、体力资源的可持续发展。

瑞典在欧盟委员会发布的《2020 年创新指数报告》中排名第一。报告显示，瑞典在创新指数中的高排名主要是由于其良好的研究和开发环境有利于创新者创新①。瑞典的成功也是由高水平的中小企业合作、优秀的 IT 基础设施和优质教育所支撑和成就的②。

（二）瑞典创新基因的体现

在瑞典的福利市场经济中，政府、企业和工会之间平衡的三方互动随着时间的推移产生了持续的创新。在瑞典的创新驱动发展中，政府的创新政策从注重技术知识和技术生产，到建立技术知识、技术生产和市场的独立子系统，最后实现技术知识、技术生产和市场子系统的平衡发展，以及它们之间更大的协同作用。创新促进机制从政府主导、政府和大企业主导，发展到市场主导，并具有强大包容性。这使得瑞典的创新通过技术的普及而迅速发展，出现了瑞典的自主创新悖论，并通过持续创新来纠正这一悖论，从而使瑞典成为创新能力的世界领导者③。国内民众所熟悉的瑞典品牌有沃尔沃、萨博、爱立信、Scania、ABB 等，大多是在瑞典成立的，并逐步扩大它们在世界的版图。

---

① 马子斌．《2020 年全球创新指数报告》的概述与启示［J］．中国发明与专利，2021，18（4）：28-34.

② 杨洋，张艳秋．瑞典的科技创新模式：演变与挑战［J］．全球科技经济瞭望，2017，32（10）：1-7.

③ 蒋绚，张培培．制度、政策与运行机制：瑞典创新驱动发展研究与启示［J］．武汉大学学报（哲学社会科学版），2017，70（5）：131-142.

## 三、丹麦——国家创新体系的建立

近年来，丹麦的经济形势稳定，已基本从世界金融危机的影响中走了出来，虽然经济增长缓慢，但是丹麦的研发投入一直保持着较高水平，是欧盟中的创新领导者。作为国际公认的创新国家，丹麦一直以高科技投入、高科技产出、高自主创新能力和高科技对经济的贡献而闻名，创新几乎无处不在，处处受到高度重视。丹麦基于产业集聚的创新驱动，将人工智能发展成了世界领先领域，同时打造优质的离岸科创平台，推动创新走出去。

### （一）产学研形成闭环，助力创新

芬兰的创新发展在产学研的闭环中有着坚实的基础。在研发投资方面，丹麦政府是各地研发的有力支持者。全球创新指数的创新投资分指数的排名显示，丹麦近年来一直处于世界前列。在如此庞大的研发投入支持下，丹麦众多企业的创新活动在政府搭台的基础上采用了企业与高校合作的模式。基于产学研一体化的创新发展模式，国家的研发投入重点是高等院校，希望通过理论与实践的教学方式，加强学校与企业之间的合作与关联，重视应用型人才培养。

产业博士项目是丹麦的一项重大教育创新，它加强了公司和大学之间的合作，使政府能够规范和促进公司、大学和产业博士生之间的合作，共同完成三年研究计划。例如，Vitus Bering 创新园就是一个很好的例子，它将知识、资本和网络基础结合起来，创造协同效应，旨在为公司和初创企业的成长创造最佳条件。这里孵化了许多有前途、有价值和面向全球的丹麦创新。园区作为一个网络的核心，连接周围的企业和大学，建立了一个广泛的创新网络，确保多样化的研发投资，并整合各种相关资源，创造了价值和商业发展机会。园区的作用十分全面，能够解决企业各个发展阶段的问题，主要包括咨询服务等，为企业和初创企业创造最好的增长条件。

### （二）创新氛围发挥积极作用

由于丹麦政府在宏观层面对研究创新的高度重视和巨大投入，各种政策的出台、创新资金的投入、政府的宏观调控都在无形之中营造了丹麦良好的创新氛围。

在政府政策方面，自21世纪以来，丹麦一直将创新政策作为一项发展战略来推行。多年来，丹麦政府出台了一系列相关政策，如在丹麦大学和研究机构改革的基础上提高科学、技术和创新能力的《丹麦知识战略》及《创新伙伴关系行动计划》；整合研究和商业新措施的《科学和技术促进商业行动计划》及新版《增长计划》，该计划主要关注国家创新环境的持续变化，以确保创新部门的发展。

在创新资金方面，丹麦国家基金可以在国家层面支持各类企业的发展，直接或间接地促进商业投资。由于国家创新基金的自主性，丹麦企业在能源研究方面取得了突破性进展，不仅在清洁能源和环境技术方面处于世界领先地位，而且还被公认为是世界上应对能源挑战的最佳国家之一。政府对各行业赋予了极高的重视，并提供立法和财政支持。

在政府的宏观调控方面，政府一直是制定政策和提供资金的领导者，不断调整产业发展路径和产业研究重点，引导和支持学校、公司和个人专注于优先发展领域，改善研究合作。举一个典型例子：研发资金要求项目必须包括产学研合作，这作为申报的硬性条件，不仅有效地引导了创新企业的发展方向，而且还能与丹麦国家创新体系建立联系。

## 第二节 产品型创新企业案例

### 一、即时通信工具 Skype

#### （一）企业简介

Skype是一家全球性互联网电话服务提供商，通过向世界各地的客户提供免费、高质量的通话服务，颠覆了电信行业，是电信行业的重要参与者。

具体来说，Skype 是一个在线即时通信工具，提供视频聊天、多人语音会议、多人聊天、文件传输、文字聊天等服务，并且所有的服务坚持免费、高清。

Skype 的出现结束了传统通信的时代，给人们提供了一种全新的沟通和联系方式。Skype 在 2011 年被微软正式接管，成为微软的一个独立部门；在 2013 年取代 MSN 成为微软的即时通信软件；在 2013 年底与光明方正建立了最后的战略合作关系，在中国打开市场；在 2014 年正式为全球 Outlook 用户推出网络内置版本。

（二）创始人简介

尼可拉斯·曾斯特罗姆出生于瑞典，在瑞典的乌普萨拉大学和美国的密歇根大学学习了商业、物理工程和计算机科学。2006 年，他创立了 Atomico 公司，这是一家投资全球技术创新的公司。2007 年，他和妻子 Kathrin 创立了曾斯特伦慈善基金会，这是一家致力于人权和环境问题的慈善机构。

Skype 的创业经历充满了传奇色彩。2000 年，当互联网在美国爆炸性增长时，欧洲娱乐和新闻门户网站 Everyday. com 准备推出。当它需要招聘技术人员时，电信公司 Tele2 在爱沙尼亚的营销总监推荐了一位爱沙尼亚人。Tele2 在一份报纸上刊登了空缺广告，并提供了 5000 瑞典克朗的日薪（约 300 美元），这是 1 月份的平均工资。三个成功的候选人是 Jaan Tallinn、Ahti Heinla 和 Priit Kasesalu，他们都对技术充满热情，并拥有大学学位，在很短的时间内学会了 PHP，并完成了 Tele2 给出的任务。除上述三人外，负责网站的人还有老员工尼可拉斯·曾斯特罗姆和亚努斯·弗里斯，以及新员工托维奥·安努斯，两位老员工分别在卢森堡和阿姆斯特丹工作，新员工托维奥·安努斯和雅安·塔林在塔林等地工作。这六个人成为了 Skype 的创始人。

到 2004 年，Skype 已经是一家国际公司，小而美，它在爱沙尼亚、英国和卢森堡的办公室的门上甚至没有一个标志。在卢森堡，公司的总部在一栋高楼里，外人不容易看到。公司的电话会议通常在黑暗的浴室里举行。Skype 总部设在卢森堡有两个原因：第一，因为它的增值税在欧洲最低；第二，因为它的工作环境很安静。2005 年之前，Skype 的工作氛围是非常宽松的，员工可以随时前往工作地，这种气氛很吸引人。有人发现 Skype 的团队非常高效，技术经理们没有任何傲慢，他们不担心头衔或指责，对公司的成功极为投入，有一种责任感和原则。随着公司的发展，它需要越来越多的专业性。越来越多陌生的面孔开始出现。其中，一个与著名歌手迈克尔·杰克逊同名的英国人负责将公司的服务连接到电信网络，一个年轻的丹麦设计师马尔特·西古德森负责设计工作。

在一次采访中，尼可拉斯·曾斯特罗姆谈道："勇气是创业中最重要的因素，因为你正在做一件以前没有人做过的事情，很多人都会试图把你打倒，你需要很大的勇气来迈出第一步，并在面临挑战时坚持自己的选择。"他还谈到了另一个重要因素——好奇心，他说："对事物如何运作的好奇心，关注现在的社会，并试图了解未来的世界可能是什么样子。我们也可以质疑现状，了解为什么事情不能以不同方式进行。"关于创新和企业家精神之间的联系，他这样说："在几乎所有的技术领域，成功的企业家在某种程度上都是创新者。在其他领域，如金融或房地产，可能没有创新，但在技术领域总是有一些创新，有时它比其他业务更深入。在互联网业务中，创新更多是产品和商业模式，而不是底层技术。"

（三）多元化创新发展

1. 开拓中国市场

Skype 联合创始人认为，北欧企业具有开拓国际市场的基因。Skype 给人们提供了一个卓越的、流畅的体验，使他们能够与世界保持联系。许多生活在海外的国人希望与亲人保持联系，而这种国际沟通是 Skype 的强项，因此 Skype 在中国的市场规模很大。

2. 帮助用户解决实际的问题

全球化要求企业必须要有全球的视角、开放的思维。Skype 将自己定位为一个以服务为中心的组织，帮助企业继续在全球范围内扩张。与微软合作以后"消息""电话""Skype 视频"三种功能旨在将 Skype 无缝整合到操作系统中，允许用户在使用操作系统时无需打开 Skype，就可以发送和接收消息、视频通话和语音呼叫，就像直接在操作系统中进行聊天、通话和视频呼叫一样，减少了启动过程，在实际使用过程中让客户更轻松①。

3. 推出 Skype for Business

Skype for Business 是一个多合一的即时通信、语音、视频和多方在线高清会议的软件，与各种设备和操作系统兼容，可以帮助教师、学生和家长进行远程授课、会议和沟通的软件，在疫情防控期间“停课不停学”的线上教育中发挥了巨大的作用。

以教育为例，除了课堂教学，老师还可以利用 Skype for business 和一些学生家长就如何进行期末考试复习进行运程沟通，并指导家长如何配合学生进行考前复习。长期以来，Skype 被视为仅适用于企业的应用程序，但它也适用于教育领域，还可用于全球实时通信，不受地点和时间限制。它为教学和学习提供了更多的可能性，在必要时世界变成了一间教室，不同的场景和文化背景都可以作为教学材料来支持学习。

4. Skype 创意设计办公室

Skype 在瑞典的新办公室位于斯德哥尔摩，约有 100 名员工从事 Skype 语音视频平台的开发工作。富有创意的室内设计反映了 Skype 的精神：一个欢快和友好的工具，连接着世界各地的人们。地毯图案上的三角形和菱形，以及工作间、桌子和酒吧的设计，是基于网络连接节点的概念。此外，Skype 的标识“云”已被制成办公室周围的球形灯具。Skype 的斯德哥尔摩办事处侧重于音频和视频的发展，该办公室具有极其良好的音响效果，这是工作所必需的②。

## 二、瑞典家居装饰新锐品牌——KLONG

### （一）企业简介

瑞典家居装饰新锐品牌 KLONG 关注功能、材料和形态的高度融合，力图打造尊重人与自然的居家装饰产品。多年来，KLONG 坚持从多元文化中

---

① 罗峰．让聊天更简单　微软增强 Skype［J］．计算机与网络，2016，42（2）：32.

② 云嘉．Skype 的商业化之路［J］．互联网天地，2009（5）：74.

汲取设计灵感，不论潮流更替，坚持原创，勇于寻找和突破自我表达，通过与众多瑞典当代知名设计师、设计机构的合作，为北欧居家装饰设计注入新的活力。

（二）设计师简介

KLONG是一个瑞典的室内设计品牌，与其他斯堪的纳维亚设计相比，它有自己特别之处，因为它的灵感来自泰国禅宗花园的钟声。KLONG的设计原则是不跟随时尚潮流，而是设计和生产真正具有艺术性的生活用品，这使KLONG的每件产品都拥有独一无二的生活乐趣，每件产品随着时间的推移都能保持快乐和新奇的感觉。因为它是在尊重人和自然的前提下创造的，能给用户带来惊喜和惊奇的感觉。KLONG将产品的功能、材料、形式高度融合，兼顾质量和美学，设计师对每件产品都有长远的考虑，不局限于时尚和潮流，而是以成为未来经典为标准进行设计。

（三）多系列产品的设计创新

Tender烛台系列由瑞典知名设计师Charlotte von der Lancken创作，其优雅纤细的线性造型受到了瑞士存在主义雕塑大师阿尔贝托·贾科梅蒂雕塑的启发。Charlotte von der Lancken在1978年出生于瑞典的斯德哥尔摩，从事工业产品和艺术等相关领域的设计工作，其多项作品被收录于全球各大知名博物馆和收藏机构，包括纽约MOMA、旧金山博物馆、M+博物馆、瑞典国家博物馆、英国维多利亚和艾伯特博物馆等。Teluria烛台系列由瑞典设计团队Note Design Studio设计，其灵感来自机械仪器灵动的造型，烛台所呈现的光晕如同穿梭于地球、月亮和太阳之间，神秘却富有诗意。Note Design Studio设计团队以敏锐的设计洞察力寻求设计突破，其作品广泛涉猎居家空间、产品及视觉设计、建筑设计等。

Strapp壁挂式书架由瑞典设计师Britta Teleman设计，Britta Teleman的设计巧妙地将产品材料、用户需求与设计概念相融合，大胆的质感搭配与装饰性，实现了书籍、杂志或信封的居家创意陈列方式。Britta Teleman出生于瑞典，2007年毕业于伦敦中央圣马丁学院。她是Objecthood设计与建筑工作室的创始成员，并任教于瑞典各大设计院校，其擅长将独特的构思与非常规的形态、材料或功能相结合，广泛参与室内产品设计、设计教学和跨学科合作，项目类型从家具设计、居家装饰设计到工业产品设计等，作品极具个人风格，让人眼前一亮。

Svante 桌面装饰喷壶纤细优雅的设计将功能性与装饰性合二为一，新颖有趣的造型使室内设计的氛围活跃生动起来。设计师组合 Broberg 和 Ridderstråle 善于从情感设计出发，将生活的幽默感融入视觉符号之中，其设计总是将经典从原始形态中分离出来，赋予其具有自身独特表达的设计细节，使物品重获新生，且更具标志性。

## 三、童真的天地——乐高

### （一）企业简介

在丹麦不仅会发现曼妙的美景、童话的乐趣，也会发现玩具的乐趣。乐高乐园凭借其独特的积木式玩具，在全球拥有忠实的粉丝群。乐高积木的发明者是 Ole Kirk Christiansen，他于 1891 年出生在丹麦比隆附近的 Fellsgrove 村。他是一个熟练的木匠，年轻时热衷于制作小玩具，包括小飞机、汽车和动物，他的玩具经常卖不出去，但这并没有迫使他放弃自己的爱好。1934 年，他为自己的建筑玩具创立了乐高品牌。

### （二）创始人简介

乐高是由 Ole Kirk Christiansen 在丹麦创立的。Ole Kirk Christiansen 是一位经验丰富的木匠，拥有自己的工厂。对于 Christiansen 来说，制作玩具只是一种爱好。1932 年的大萧条使丹麦工匠几乎无法找到工作，就在他失去妻子的那一年，他发现丹麦的玩具市场几乎完全空白。在经历了事业和生活的双重打击后，他仍然对生活和事业充满热情，并乐于接受新的可能性和方法。经过反复思考，Christiansen 做出了一个影响世界的举动——创建乐高。

Christiansen 认为，玩具永远是孩子最重要的伙伴。1934 年，他决定为他的公司及其产品命名乐高。这个名字来自丹麦语“Leg-Godt”，意思是“好玩”。后来，由于战争的原因，丹麦政府规定玩具不能进口，塑料和金属属于弹药，所以这两种材料不能用于本国制造的玩具。对于当时只生产木制玩具的乐高来说，这一规定是锦上添花，乐高的业务在这一时期得到了前所未有的发展。

就像阿里巴巴从一家电子商务公司起步，现在已经成为拥有许多商业集团的巨人一样，乐高也有扩大其领土的野心。在乐高首席运营官布拉格曼的领导下，恰逢视频游戏行业的高峰期，乐高转向了这个新行业，但乐高并没有在视频游戏行业中取得成功，还陷入了亏损，公司几乎破产。意识到公司走错了方向，乐高的新任 CEO 克努德斯托普立即精简了产品线，重新回到积木领域，并开始与漫威和其他著名影视 IP 合作，重整旗鼓。

许多人都有同样的疑问，既然有这么多类似的玩具，乐高怎么会这么贵，还能卖得这么好？答案就在“精确”二字。在乐高的生产线上，每块小砖的公差是一毫米，所以在组装乐高时，几乎不会出现砖块有时太松、有时太窄的情况，这种高质量的工艺让人印象深刻。从一个小作坊到世界 500 强企业，乐高有太多值得企业家学习的地方，如从零开始、从头做起的勇气，承认错误、改进路线的勇气，以及几十年来对玩具精度的追求。

（三）乐园创新模式

在丹麦，乐高乐园能让你体验乐高的多重乐趣。来到乐高乐园，你会被这个迷你世界所震撼。小人国的一切都是由积木拼成的，几块简单的木块，以不同的方式组合，创造出无限的可能性。站在这个小世界里，你仿佛从上帝的角度看你经过的每个场景。这个缩影展示了哥本哈根著名的新运河港口、丹麦宏伟的阿美琳堡、希腊宏伟的帕特农神庙、德国慕尼黑辉煌的新天鹅堡、美国的自由女神像及其珍贵的火炬。设计师们甚至将一些生活场景搬到了乐园，无论儿童还是成年人都可以融入其中，好好地玩耍一番。

乐高乐园不仅为前来游玩的孩子们提供了乐趣，而且他们还可以学习技术，因为公园里有许多学习“学院”：驾驶学院、划船学院和消防学院。在驾驶学院，老师教孩子们如何开车和遵守交通规则；在划船学院，孩子们学习划船技术，他们用积木搭建的船漂浮在水面上，有时甚至有大白鲨跳出水面；在消防学院，孩子们学习消防知识，甚至亲自救火。乐高乐园带来了无尽的乐趣和无穷的能量，感染着每一个来玩的孩子，激发他们的想象力，发展他们的创造力，甚至教给他们一些实用的技能。

## 四、VARIER FURNITURE——打造创意生活

### （一）企业简介

VARIER FURNITURE 创立于 1979 年，总部位于瑞典首都奥斯陆。从创立初期开始，VARIER FURNITURE 就一直倡导以客户需求为中心的设计原则，认为在产品设计中创造稳定性和灵活性的平衡可带给人们更加健康和可持续的使用体验和生活品质。他们的产品以卓越的品质和轻松的设计著称，彰显活动、自由和创新。

在合作机制的选择上，作为一个北欧品牌，创造性的合作是支持其发展的支柱之一。VARIER FURNITURE 极为重视与具有突破性的北欧设计师和品牌长期而稳定的合作，以谋求其自身长远且可持续的发展。这些合作方包括打造出具有革命性意义的 Variable™ 凳的 Peter Opsvik、在座椅饰面上有合作关系的知名北欧建筑与设计事务所 Snøhetta，以及高端纺织材料生产商 Kvadrat。

### （二）创始人与设计师简介

VARIER FURNITURE 的创始人 Hasan Pashamoglu 拥有 30 年地毯制造经验。根据官网上的信息，VARIER FURNITURE 的现任设计师有五名，Olav Eldøy 是挪威室内建筑师和设计师，他在卑尔根国立艺术学院接受教育，Eldøy 因其在家具设计领域的工作获得了多个奖项和认可。Per Øie 于 1958 年毕业于卑尔根国立艺术学院，他的设计作品曾在世界各地展出，包括在东京、巴黎、伦敦和哥本哈根举办的展览。Øie 的 Move 椅子获得了全国的认可，并于 2002 年获得了备受追捧的 DOGA 荣誉奖。Peter Opsvik 是一位出生于 1939 年的挪威工业设计师，曾在卑尔根国立艺术学院和奥斯陆国立艺术学院接受培训。Opsvik 一直试图通过他非常规的座椅解决方案来克服我们刻板的坐姿习惯。他的作品以有趣和人性化为出发点，展示了如何打破

良好的坐姿和静坐的规范。Terje Ekstrøm 则是一只脚涉足手工艺，另一只脚涉足工业。Ekstrøm 的作品为 20 世纪 70～80 年代的挪威设计界注入了新的活力和独立性。Ekstrøm 代表了挑战斯堪的纳维亚设计理念的新一代设计师。尽管他今天被视为挪威最早的后现代设计师之一，但 Ekstrøm 的原创作品与现代运动和后来的流行文化有关。丹麦设计师 Thomas Pedersen 通过与领先的家具品牌合作，将不同的形式和功能融入所有产品中。

（三）以人体工学为基础的家具创新

作为北欧知名的人体工学椅创新者，VARIER FURNITURE 如其名字一般，不断研究人体坐的姿态，思考如何让人体在现如今不断久坐的生活中更加舒适，不拘泥于定式，以一种兼顾审美性与实用性的方式设计座椅，且在该领域取得了成功，给用户带来了更加放松和舒适的使用体验。

1. 容纳多种坐姿的人体工学椅

Variable™ 凳是 VARIER FURNITURE 最具有代表性的作品。当今，人们的生活状态更多是一个人久坐于书桌前或办公桌前。Variable™ 凳的设计运用了 balans®的设计理念，balans®认为人体达到最佳舒适状态的最大阻碍在于，长时间保持单一姿势所累积的疲劳感，将允许使用者随时随地切换坐姿的使用模式作为产品设计阶段的重点。Variable™ 凳具有高度的灵活性，下面两个支架结构的设计可以承受包括跪姿、半跪姿等在内的多种姿势，让人体在长时间办公的情况下也能够随时变换姿态，以保持舒适的状态。同时，Variable™ 凳还具有可持续性的特点，该产品的软装部分使用了 100%回收的织物，减少了在生产环节产生的不必要的织物浪费和环境污染。产品提供多种颜色的选择，能满足消费者多样化的需求。

2. 符合后现代艺术的舒适座椅

Ekstrem™ 在结构上采用了符合人体脊柱弧度的角度，并采用了泡沫包裹钢架并在外包裹柔软织物的方式，使人无论以何种姿势坐在上面都非常舒适。在材质的选择上，使用了一种由 Devold 定制的羊毛装饰织物，在保证柔软度与透气性的同时，也在织物表面呈现出高级的纹理质感，具有审美价值与使用价值。

3. 贴合人体结构的办公座椅

Peel™ 办公椅的设计极具艺术张力，在结构的设计上，整体采用了螺旋结构，可以轻松满足人体坐在上面进行阅读、办公等各种姿势的需求，精准贴合人体，引导使用者进入舒适而放松的状态。同时，座椅配备了包括枕头在内的多种配件，可以充分满足不同使用者的座椅使用习惯。底部铝合金材质的钢架结构也为整个座椅提供了有力的支撑，减少了因不稳固给使用者带来的威胁与困扰。

4. 满足多种需求的多功能休闲椅

Gravity™ 在外观的设计上兼顾灵活性与审美性，能够变换多种模式，满足日常阅读、休息等多方面的需求。Gravity™ 在人体工程学的基础上采用了独特的框架结构，通过使用者的重心后置达到直立的使用效果，可以跟随人的呼吸节奏小幅度摇动，创造一种类似于悬浮的体验，使用户能够保持放松且高效的状态。

总而言之，VARIER FURNITURE 公司在人体工学的基础上，不断创新座椅的结构和外观设计，力求在当下人们“久坐”的生活方式下，创造更加舒适的座椅体验，在满足消费者多样化的需求和提高工作质量、生活质量上取得了成功。

## 五、Peepoople——迷你厕所

### （一）企业简介

Peepoople 致力于解决因基础设施不够完善而引起的卫生问题，其主要产品就是一个便携的塑料袋，提供给一些基础设施尚不健全、卫生设施还没有得到普及的国家，该公司在技术创新及创新的落地上值得我们学习。

Peepoople 的使命是让所有有此需求的人都能获得有尊严和卫生的卫生设施。Peepoople 在瑞典的斯德哥尔摩成立。自 2016 年 10 月起，Peepoople 品牌由 AIAS（国际援助服务）拥有，这意味着 AIAS 将继续 Peepoople 自

2006年以来的工作，围绕产品和系统开发创新Peepoo厕所①。

（二）创始人简介

发明人Wilhelmson是一位在建筑行业知名且屡屡获奖的知名建筑师，在当地的环境安全调研时发现了卫生间的问题，于是在此发现的基础上进行了一系列的创新。2006~2008年，Peepoo与瑞典农业科学大学、瑞典皇家理工学院合作，并与因其专业能力而被选中的工业伙伴合作，进一步完善、研究和测试。创始团队包括Camilla Wirseen、M. Sc Annika Nordin、Björn Vinnerås和Mikael Hedenqvist。

（三）解决40%的人上卫生间问题的Peepoo袋

1. 产品创新

Wilhelmson在进行环境安全调研时，发现瑞典经济能力较差的街道和贫民窟缺乏卫生设施，而在全球范围内，有40%左右的人没有厕所可以用，恶劣的卫生条件和生存环境会对居民的身体健康产生极大的威胁，尤其是对儿童。由于粪便中含有很多致病菌，没有专门的处理渠道，会导致水源污染，全球每年有大量的儿童因饮用不干净的水而死亡。在这种情况下，Wilhelmson试图颠覆传统的卫生间概念，创建一个方便的设备用于解决生理需求。于是，他设计出一个一次性的便携小袋子，可以收集粪便后自身消毒，粪便可以作为农业肥料，不会对环境造成污染，而袋子本身则可以分解为二氧化碳和水，有助于环境的可持续发展。

Peepoo袋的内部有一层薄薄的绿色纱布，打开后可以形成一个宽漏斗，因此可以站着、坐着、蹲着使用。同时，每个Peepoo袋还含有5克尿素，在遇到粪便和尿液后会产生化学反应，杀死这些致病菌，进而解决上文中提到的对水源的污染问题。使用Peepoo袋产生的废料可以提供给农民作为肥料使用，由于其能够与土壤混合增加其有机质的含量、改善保水能力，因此也可以提供给居民使用②。

① About Peepoople［EB/OL］. http：//www. peepoople. com/information/about-peepoople/.

② Dream B. 瑞典Peepoople：尿尿和便便去哪儿［EB/OL］.（2014-03-11）. https：//mp. weixin. qq. com/s/s3RPhAFPpN2-5MgG7OLDng.

2. 销售模式

由于目标消费群体的特殊性，在产品的销售方式上，Peepoople 在设立零售店的基础上，雇佣当地的妇女作为销售员向居民讲解 Peepoo 袋的基本用法和用途，以帮助消费者理解产品的用途和意义。在定价上，价格结合当地的经济情况和消费者的消费能力进行了合理的定价，如在肯尼亚地区，Peepoo 袋是 2 肯尼亚先令。在经济相对发达和交通相对便利的地区，会设置 Peepoo 袋的回收点，并在回收的同时退还产品购买价格的 1/3，极大地利用了 Peepoo 袋的每一分价值，有助于解决世界上的卫生问题，保护居民的生命健康，同时对环境友好。

总而言之，Peepoople 运用了交叉学科的智慧来解决生态环境的问题，利用技术创新，解决了贫困地区上厕所以及由此产生的水源污染问题，切实将项目进行落地和商业化发展，值得国内的创新企业思考和借鉴。

## 六、哈苏相机

### （一）企业简介

瑞典德堡市最值得骄傲的企业除了沃尔沃以外，还有哈苏相机。哈苏相机创立及其发展的历史是值得人们尊敬的。中国记者曾经采访哈苏相机总裁彭可富，他在回答记者问题时称：“哈苏相机记录了人类的基本哲学精神及人类的情感，正因为如此，哈苏相机在人们心中留下了深刻的印象。[①]”

哈苏相机之所以如此出名，其镜头与机身的组合起到了关键的作用。德国蔡司制造出了哈苏相机的配套镜头。这样完美的组合将相机的性能提升到了不一般的高度，具体表现在拍摄画面的质量性、设备的耐用性、曝光的精确性、操作的流畅性等方面。因此，哈苏相机在资深摄影师圈子中备受欢迎，特别是在某些场景拍摄中，如静态肖像、风景等场景。

除了镜头的组合，哈苏相机自身结构的创新性也很强。哈苏相机最早使用镜间快门，达到 1/500 秒的快门速度。1969 年，阿波罗宇宙飞船首航

① 器材无止境，手握摄影装备的你，打算何时上哈苏？［EB/OL］．［2017－10－13］．https：//www. sohu. com/a/197899811_443076.

月球，那张人类首次登上月球的照片就是使用哈苏相机拍摄的，哈苏相机从此更是名声显赫。

在中画幅相机的发展史上，哈苏相机的地位也是举足轻重的。它最早采用镜间快门，实现了 1/500 秒的闪光同步速度，也最早采用自动收缩光圈，结束了手动收放光圈的时代。哈苏一直关注相机内部性能的优化，内部结构不断完善，其外形设计变化却很少，依旧保持着经典而又有标志性的造型。在哈苏 82 年的相机历史中，哈苏经过激烈的竞争后，已经在中画幅相机领域占据了一席之地，打造了庞大的中画幅相机系统，哈苏的品牌标识已经在人类相机发展史上留下了重要的一笔。

（二）创始人简介

哈苏相机的创始人是维克多·哈苏，1906 年出生于瑞典的哥德堡市。年轻时候的维克多·哈苏，非常热爱拍摄鸟类，他对当时市面上主流相机（如康泰、格拉弗莱克斯等）的参数和使用方法都非常熟悉。他从小的梦想就是希望有一天可以根据自己的想法去制造一台能够更换镜头、胶片盒和取景器的单镜头反光相机①。

维克多·哈苏的第一笔订单来自军方。其实也受当时政治局势的影响，当时正值二战爆发之际，瑞典空军亟须订购一批侦察用的相机。一次偶然的机会，瑞典空军在维克多·哈苏发表的文章中了解到他对先进相机的构想。于是，哈苏经过一番研究和设计后，终于在 1941 年制成了第一台航空相机——HK7 型，随后分别为陆军设计制造了 SKA4 等多种相机机型。1978 年，维克多·哈苏逝世，但是他对相机的热爱以及为相机领域作的贡献将长久留存。以他名字命名的相机集团正在逐步发展、壮大。

（三）企业主要的创新点和创新事迹

1. 首创组合式结构

哈苏相机首创了组合式的结构。1948 年 10 月 6 日，第一台哈苏中画幅相机 1600F 在美国纽约上市。这台相机一上市，就凭借出色的创新能力获

① 谈资丨哈苏相机背后的男人：维克多·哈苏（Victor Hasselblad）［EB/OL］. ［2021-03-04］. https：//mp. weixin. qq. com/s/DwljT-L3KiG8xvxTGGkwxg.

得了市场的关注，其组合式的结构及高达1/1600秒的快门速度，让美国市场上的消费者都惊叹不已，因此这一天也是哈苏相机历史上很重要的一天[①]。除此之外，哈苏相机在技术方面的创新还有很多，如1600F使用的是金属帘幕快门，调整快门速度只需要将机身右侧的旋钮向外拉做顺时针或者逆时针调整即可，非常方便、高效。

2. 打破畸变矫正的技术难题

在以往的相机设计中，畸变矫正一直是行业内尚未解决的问题，主要的原因是当时受技术限制，非球面技术还不是很成熟，再加上光学修正有很大的局限性，会对后期的成片质量产生众多的隐患。

然而，哈苏的创新性就在此时体现得淋漓尽致。哈苏没有根据传统的模式进行研究，而是大胆地将反光镜去除，采用旁轴取景，这样的做法使后镜组能更加接近焦平面，而且采用这种方式取得的畸变矫正效果也十分理想。

1954年，哈苏发布了应用这种技术的SWA广角型相机。这种相机的特点是采用旁轴取景，而且外观上显示机身极短。然而，这种相机的拍摄效果却非常令人满意，成像特别明锐，层次丰富。因此，凭借极具创新型的产品，哈苏SWA相机在1954年的科隆摄影器材博览会上成为了全场的焦点，产品声名大噪。

3. 自动收缩光圈的创新

哈苏始终在改善、创新功能。1957年，哈苏又推出了一个令相机行业大为震惊的功能，就是将传统的光圈收缩方式变为自动模型。首台相机500C就是采用自动收缩光圈镜头，由于采用了新技术，快门速度虽然下降了，但是快门寿命有了明显的提高。哈苏自动收缩光圈的创新是一个质的飞跃，是中画幅相机制造技术上的一次革新。以往对焦、收放光圈的烦琐操作流程劝退了许多摄影爱好者，自动收缩光圈的研制成功为摄影爱好者提供了很大的便利。

① 经典相机丨永不褪色的哈苏双雄［EB/OL］.［2020－05－23］.https：//mp.weixin.qq.com/s/OplPeLeN_4srusm-YfqgJw.

## 七、伊莱克斯——电器设备

（一）企业简介

伊莱克斯公司于1919年创立，由Elektromekaniska有限公司和Lux有限公司合并而成，总部位于瑞典斯德哥尔摩。伊莱克斯生产的电器在世界上享有良好的声誉，每年生产的电器数量很多，是世界上最大的商用电器生产商，生产基地遍布60多个国家，销售点已经在160个国家之间形成销售网络①。

（二）创始人简介

世界上第一台家用吸尘器、第一台家用冰箱就是由伊莱克斯创始人爱尔克·温尔格林于1912年发明的②。伊莱克斯的发展速度很快，并购了近400家家电公司或者家电品牌。在业务方面，伊莱克斯不仅提供传统的家用电器，还将业务拓展到饮食服务设备和园林服务设备领域。在爱尔克·温尔格林的带领下，伊莱克斯在全球已经拥有10万名员工，在欧洲设有22家工厂。早在2004年，伊莱克斯就已经占据了世界家用电器市场1/4的份额。

（三）企业主要的创新点和创新事迹

1. “为您着想”的设计理念

伊莱克斯所有产品的设计灵感都来源于消费者的需求，体现出该品牌对消费者真实需求的关注。在用户关注的各个方面，如产品的功能性、实用性及外观等，伊莱克斯均非常重视。对产品各个环节用户体验的把控对伊莱克斯来说是赢得消费者持续购买的核心。伊莱克斯在客户关系管理方面也有自己独到的见解，每年每季度定期拜访大量消费者，在销售一线精准把握消费者的需求变化，积极和消费者进行沟通。伊莱克斯提供的可能

① 瑞典伊莱克斯：我是一个有血有肉有温度的品牌［EB/OL］.［2018-11-09］. https：//mp. weixin. qq. com/s/QZ66cFX3GwO5-mM9Y6UQEg.

② 江南电器工具联盟．世界吸尘器产品发展简史（1860-2019）［EB/OL］.［2019-04-30］. https：//mp. weixin. qq. com/s/8x9xNzspKIUWMK1rYs0Ghg.

不仅仅是优质的家电产品，更重要的是想要传达“以消费者为中心”“为您着想”的精神。

2. 创新内部招聘方式

当伊莱克斯内部出现岗位空缺时，伊莱克斯采取了一种和主流招聘方式不同的方法，即从公司内部人才库中选择能力匹配的人去任职。这种招聘的举措不仅可以缩短培养新员工的时间，而且可以在内部形成激励，使在职员工更加努力地工作，因为在未来可能会有轮换岗位或者晋升的机会。只有当内部招聘无法奏效时，伊莱克斯才不得不在各大主流报纸、广播中发布招聘信息。

3. 以“静音”切入的创新营销策略

产品本土化是每一个外国品牌进入目标国市场时需要考虑的问题。20世纪90年代，伊莱克斯想要进入中国庞大的家电市场。然而，当时国内家电产能已经过剩，家电市场格局基本已经固定，外国家电品牌想要进入存在很大的困难。在如此不利的局势下，伊莱克斯创新性地将产品定位为“静音冰箱”，并提出“冰箱的噪声需要忍受很长时间，可能是十年、十五年……”的口号①。伊莱克斯精准地洞察目标国市场的消费痛点，并果断展开大范围创新及充满温度的营销，最终成功打入中国市场。

## 第三节　科技研究领域创新企业案例

### 一、FOREO LUNA——革新洗脸方式

（一）企业简介

FOREO LUNA 品牌于 2013 年诞生于诺贝尔奖的故乡瑞典，品牌的创立

① MBA：促销组合策略（国家级教程）［EB/OL］.［2021-11-26］. https：//mp. weixin. qq. com/s/aDqYz-KsAiY6rHDwGDP_8Q.

旨在解决生活中人人要面对的洗脸问题，利用技术创新生产出了兼具实用性和美观外表的浑圆软萌的硅胶洁面仪，创下了每3秒就卖出一个、连续3年高居洁面仪市场占有率Top 1的优异成绩。在短短几年内通过产品创新、体验式营销、消费者众筹等方式使FOREO LUNA成为了一个遍布全球的美容品牌。

（二）产品创新——LUNA系列硅胶面部清洁刷

掀起洁面仪革命的网红产品LUNA有多方面创新：首先是采用了医用硅胶，具有性质稳定、不易滋生细菌、对皮肤伤害小的特点，还避免了频繁更换刷头的问题；其次是操作简单，只有几个按钮的极简设计便于各个类型的消费者使用；最后该款洁面仪解决了频繁充电的麻烦，内置最长可续航九个月的电池。总体来说，LUNA的设计从各种细节体现了产品的创新。其设计者为拥有200多项国际专利和150多项产品设计奖的发明家菲利普，骨子里就传承着创新之国瑞典的创新基因。在创立品牌的时候便下定决心用创新颠覆美容行业，在推出爆款LUNA之后，将实用、直接的设计理念与先进的技术贯穿于产品设计之中，持续进行产品创新，推出了世界上第一个完全由硅树脂制成的电动牙刷ISSA、蓝光祛痘仪ESPADA、面膜仪UFO等，受到了年轻消费者的欢迎。

## 二、诺和诺德以“三新”理念进军中国

（一）企业简介

诺和诺德是一家生物制药公司，其历史可以追溯到1923年，这100年来一直是该领域的先锋，利用先进的生物技术改进胰岛素的研究和生产方法，并取得突破。除胰岛素外，诺和诺德还在其他许多领域处于世界领先地位，如凝血疗法、促进生长和荷尔蒙替代疗法。诺和诺德的企业标志Apis公牛，象征着公司在几个世纪药剂师和化学家的辛勤工作和发现的基础上形成的悠久传统。

诺和诺德的产品于20世纪60年代进入中国市场，然后在90年代，诺和诺德（中国）制药有限公司的总部和生物技术研发中心在北京成立，并

在天津建立了一个最先进的生产基地。近年来，诺和诺德不断抓住新的机遇，扩大在中国的投资，深化整个产业链，满足患者未得到满足的医疗需求，实现其“治疗糖尿病”的承诺。同时，诺和诺德也在加大投资力度，确保中国患者继续受益于全球平行创新，实现全球创新同步。在创新举措方面，诺和诺德的所有决策和行动都“以患者为中心”，帮助患者克服其他严重的慢性疾病，包括血友病、生长障碍和肥胖症[①]。

（二）创始人简介

诺和诺德的历史可以追溯到100年前。1922年，哥本哈根大学教授、诺贝尔生理学奖得主奥古斯特·克罗和他的妻子及Ⅱ型糖尿病研究者玛丽·克罗来到美国。在他们的美国之行中，克罗夫妇了解到两位加拿大科学家Frederick Banting和Charles Best正在用从牛的胰腺中提取的胰岛素来治疗糖尿病患者，Banting和Best于1923年获得诺贝尔生理学或医学奖。克罗夫人本人也患有糖尿病，于是他们努力争取并获得了在丹麦生产胰岛素的许可。

回到丹麦后，克罗夫妇立即与葡萄糖调节专家Hans Hagedorn教授讨论了这个问题，并决定进行进一步研究。1922年12月21日，Krogh和Hagedorn教授成功地从牛的胰腺中获得了少量的胰岛素。1923年春天，他们成立了诺德胰岛素实验室（诺德公司）。同年，设计胰岛素生产设备的工程师Harald Pedersen加入诺德。后来，诺德还雇用了他的弟弟Torvald Pedersen来分析生产胰岛素的化学过程。两兄弟离开公司后成立了自己的公司，到1924年他们也成功地生产出了胰岛素。1925年，兄弟俩给丹麦药剂师协会发了一封信，宣布诺华胰岛素和诺华注射器开始销售。兄弟俩将他们的公司命名为Novo Terapeutisk实验室（诺华公司），自此丹麦就有了两家公司，它们很快就成为了胰岛素生产方面的世界领导者。

接下来，两家公司迅速发展，建立了大型研究设施，并为成为新的糖尿病药物的市场领导者进行了激烈的竞争。同时，诺德和诺华开始向其他

① 纤雪．一个降糖药企的传奇故事——记诺和诺德成长史［J］．家庭药师，2011（4）：82-85.

产品多元化发展。1989 年 1 月，两家公司决定合并重组，经过 60 多年的竞争，两家公司终于翻开了新的篇章，共同开发治疗糖尿病的新产品，并在国际市场上竞争，这家新公司就是诺和诺德。自从成功推出治疗糖尿病的胰岛素以后，糖尿病患者的生命得到了挽救。随着技术的进步，糖尿病干细胞疗法已成为当前糖尿病研究中的一个重要课题，诺和诺德在技术的研发上保持前行。

（三）全球化品牌创新策略

1. 诺和诺德以全新形象参加中国国际进口博览会

诺和诺德在中国建立一个世界级的创新药物研发中心。诺和诺德于 2020 年 4 月 27 日宣布启动“中国同创”计划。该计划是诺和诺德推动中国参与全球同步临床试验的实用路线图，从临床试验到新药申报，加速创新产品在中国的开发和注册。到 2025 年，“中国同创”计划的启动将加速更多的创新药物在中国上市；到 2025 年，全球 90%以上的创新药物将在中国同步报批，这意味着中国在诺和诺德全球研发战略中的作用已被提升到了最高级别。中国的重要性已经提升到了最高水平。2015～2019 年，诺和诺德在中国进行了 14 项临床试验，共涉及 2971 名患者，投资高达 5.45 亿元。

2020 年将是诺和诺德的第三次参与中国国际进口博览会。公司将以全新的视觉形象、全新的起点和全球创新理念，展示全球最新的糖尿病创新成果、创新的数字健康解决方案等。除了已经在中国上市的 14 种创新药物和 9 种创新注射器外，还将展示糖尿病领域的一些创新产品，如达格列美和 GLP-1 类似物利拉鲁肽单次注射组合产品。

2. 诺和诺德创新疗法

诺和诺德以“追求创新，改善患者预后”为崇高目标不断创新疗法，全球 3000 万糖尿病患者在使用诺和诺德生产的糖尿病产品，世界上近 50%的胰岛素由诺和诺德提供，这有力地佐证了诺和诺德为全球患者提供的支持。“追求创新，改善患者预后”这一崇高的目标也在驱动着诺和诺德全球 5000 余名科学家不懈努力。诺和诺德始终初衷不改，致力于推动变革，以改善患有严重慢性疾病的人们的生活。

诺和诺德在全球170多个国家和地区提供产品和服务。全世界糖尿病患者使用的胰岛素产品有一半来自诺和诺德，诺和诺德占据了全球糖尿病市场的1/3，是目前世界上唯一提供全套胰岛素产品的公司。糖尿病治疗目前是诺和诺德最大的业务。诺和诺德将年营业额的13%投资于研究和开发，改进其产品并探索新的治疗方法，继续在行业中处于领先地位。[①]

3. 将中国作为全新战略布局

作为全球研发的重要战略布局，诺和诺德早在1997年就成立了中国研发中心，是首家在华设立研发中心的跨国生物制药公司。作为世界一流的创新药物发现中心，诺和诺德优势独特。在药物发现领域，诺和诺德具备从早期靶点发现到临床前研究的完备技术能力。诺和诺德引领蛋白质工程、药理学和靶点发现领域的技术。诺和诺德拥有先进的研究设施，包括符合欧洲行业标准的大型实验设施。诺和诺德的团队人才济济，不断推动医药创新。诺和诺德兼容并蓄，积极寻求外部合作，在治疗严重慢性病领域推动突破性创新，力求成为首选合作伙伴。多年来，诺和诺德扎根中国，率先完成了集研发、生产与运营为一体的全产业链布局，秉承“以患者为中心”的理念，进行长期研发投入，推动中国患者受益于创新药物。

## 三、“无乳糖乳制品巨头”蔚优

### （一）企业简介

乳糖不耐受在北欧和全世界都是一个普遍的问题。乳糖酶缺乏或身体无法产生乳糖酶，在食用乳糖含量正常的乳制品时，会出现令人不适的症状，如腹胀、腹泻。针对此问题，蔚优随之诞生。蔚优是一家芬兰奶农合作社乳制品企业，自创立以来坚持自己产奶、自己研发、自己销售，在研发总监诺贝尔化学家获得者 Artturi IImari Virtanen 的带领下，利用先进的过滤、水解、回填技术，在保证牛奶风味的基础上生产无乳糖产品，致力于为乳糖不耐受人群提供可放心食用的乳制品。

---

① 闫若瑜．诺和诺德：以创新驱动糖尿病患者治疗体验提升［N］．中国医药报，2020-11-13（003）．

（二）创始故事

蔚优是芬兰最大的乳品公司，拥有超过100年的乳品生产经验，并连续八年被评为“芬兰最可持续发展的品牌”。

第一，最清洁、最健康的乳品环境。蔚优牛奶在芬兰生产，靠近北部边境，那里温度低，细菌难以滋生，而且是以非常清洁的方式生产，采用芬兰集中的奶牛健康系统，改善奶牛健康，控制抗生素的使用。除了清洁的牛奶，蔚优还通过减少碳排放和保护生物多样性来实现绿色发展，目标是到2035年实现牛奶的零碳排放，这需要在整个生产链中开展大量工作。在农业方面，蔚优正逐步用吸碳草绿化农场，优化有机土壤，帮助吸收大量的二氧化碳。在运输环节，蔚优的乳品卡车使用来自牛粪的沼气燃料，这不仅提高了农民的能源自给率，还进一步减少了运输过程中的二氧化碳排放。迄今为止，蔚优公司在芬兰的卡车中约有70%使用沼气作为能源。在生产方面，蔚优的牛奶包装盒由植物材料制成，可100%回收利用。未来，通过继续的努力，蔚优希望在农场减少50%的二氧化碳排放，在工厂减少47%，在牛奶收集过程中减少28%。

第二，蔚优在芬兰、瑞典、美国和中国进行了消费者研究，同时蔚优对产品系列进行了细分，推出了不同类型的产品，如低糖、高钙、高维生素D和高蛋白产品，以满足不同需求。在每一个高品质产品的背后，都是蔚优的创新实力。Valio是芬兰的“生物化学之父”，因其发明的青贮饲料而在1945年获得诺贝尔化学奖，这确保了芬兰牲畜的优质饲料，使其在所有季节都能生产高质量的牛奶。多年来，蔚优继续遵循诺贝尔奖的精神，将创新与产品联系起来，致力于开发高品质的乳制品。

第三，蔚优深知促进整个价值链的可持续发展需要上下游企业的合作，不仅要通过各种创新举措促进可持续发展，而且还鼓励其合作伙伴拥抱绿色转型。蔚优和波罗的海行动小组创建了一个在线平台，为农场主提供学习机会，包括Carbo环境监测，帮助农场量化其乳制品的碳足迹。截至目前，已经有1000家农场计算了它们的碳足迹，评估了它们的环境影响，并找到了减少碳排放的最有效方法。蔚优还与下游的生产伙伴紧密联系，提供高质量的原料。蔚优已经与中国主要的婴幼儿配方奶粉生产商建立了长期稳固的合作关系，双方将成为值得信赖的合作伙伴，确保建立互利的伙伴关系。

（三）技术创新——无乳糖技术

蔚优传承芬兰的创新基因，半个世纪以来，欧盟一直处于无乳糖技术研究的前沿。1978 年，低乳糖奶粉上市，为“无乳糖乳制品帝国”铺平了道路；2001 年，推出无乳糖液态奶，两年后成功进入瑞典市场；2007 年，无乳糖奶粉上市。2007 年，无乳糖奶粉出口到多个国家，并在多个国家获得专利，对乳糖不耐受的人有好处。近年来，蔚优在技术创新方面取得了长足进步，开发了无乳糖酸奶、无乳糖黄油和无乳糖奶酪等无乳糖产品，丰富了产品链，使无乳糖乳制品的口味多样化，以满足消费者的需求。这种技术创新使越来越多的乳糖不耐受者能够安全地享用乳制品，所有人都能享用。

## 四、Holzweiler——致力于面料的可持续发展

（一）企业简介

挪威时尚品牌 Holzweiler 由 Susanne Holzweiler 和 Andreas Holzweiler 于 2012 年创立，融合了无缝设计和轻松实用的功能。

该品牌专注于创造永恒的作品，从艺术、建筑、自然和当代文化中汲取灵感。该品牌最初凭借丝绸、羔羊羊毛和羊绒围巾系列获得关注，2014 年扩展到成衣，并聘请 Maria Skappel Holzweiler 担任创意总监。

Holzweiler 倡导合作和变革，与众多国际创意人士、音乐家和偶像合作，为社会影响和可持续性方面的积极运动作出贡献。2022 年，红杉资本获得了该品牌的多数股权。

（二）创始人简介

Holzweiler 是由充满幸福感的一家人创建的。2012 年，Susanne 与哥哥 Andreas 在挪威奥斯陆共同创立 Holzweiler。在此之前，两人创立过一家时尚品牌的营销公司，并经营了六年之久。随后 Susanne 的父亲也加

入了该品牌，负责物流方面的工作；拥有室内设计专业背景的母亲也加入进来，负责产品生产与原料采购的相关工作。2014 年，Andreas 的妻子加入并担任设计总监，品牌的定位也从生产单一的高端围巾变成生产男女成衣①。

（三）打造具有幸福感的可持续品牌

服装行业是全球除石油化工行业外的第二大污染行业，随着社交媒体的兴起，网络上的意见领袖崛起，人们了解时尚的门槛降低。在这种情况下，人们消费服装的频率明显上升，服装生产过程中产生的碳排放也呈现出明显增加的态势，因此服装行业的可持续发展，已经到了刻不容缓的地步。

Holzweiler 是一家 100%以目标为导向的公司，希望能够专注打造具有长久生命力的事物。品牌的创始人之一 Susanne 在一次采访中曾经说道："时尚行业有许多既定的规则，当你还是一个新品牌时，你或多或少是可以挑战这些规则的。Holzweiler 从创立至今一直在不断提出挑战，我们尝试不遵循所有规则，用我们信奉的方式去建立品牌，尽管这很难。"创新与打破常规是品牌从诞生之日起，骨子里就带有的基因。相较于其他的北欧品牌，Holzweiler 并不强调其北欧设计的基因，而是致力于探索面料的可持续发展。对于 Holzweiler 品牌来说，践行可持续并不是一种营销噱头，而是品牌一直在脚踏实地落实的事情。

品牌致力于探索面料的可持续发展：在服装材料的选择上，采用以有机棉、羽绒等为代表的可再生的天然面料，以及以再生聚酯纤维、黏胶纤维为代表的再生面料，这些面料相较于纯化学制造的面料来说，碳排放少，对水源的污染也较少，对环境的影响较小。除此之外，品牌也致力于研究面料回收再造的处理技术。以品牌发布的首款产品为例，采用的就是由回收的旧毛衣的纤维，通过分梳、压制成条、纺织成纱等工艺，将旧衣服上的纤维重新整理成可以纺织的形态，并且该品牌所制作的羊羔毛围巾都是

---

① Elisa. 独家采访丨为何这个挪威时尚生活方式品牌不愿"高冷"，只追求幸福？［EB/OL］.［2022-11-25］. https：//new. qq. com/rain/a/20221125A09ZNH00.

尽可能地使用回收的羊毛进行制作的，品牌所使用的产品的包装也是可降解的、对环境友好的材质。

与其他追求可持续的品牌不同的是，该品牌除了在面料上下功夫外，还考虑到衣服保养对服装行业可持续发展的重要性。Holzweiler 认为，如果因为衣服有一些破旧就选择丢弃重新购买，会对环境造成较大的压力，因此品牌专门开设了维修护理业务。对于有一些破损的服装，会给出修复的最佳建议，也会为消费者提供服装清洗的建议。对于已经购买了服装的消费者，如果对服装不满意可以安排裁缝进行改造，这样就减少了消费者买回服装后又不喜欢了，进而闲置服装的情况。除此之外，品牌还专门设置了一个二手的转卖平台，消费者可以在上面将闲置的服装售卖，提升服装的利用率，也可以让一些消费者用较低的价钱买到心仪的产品。上述在售后方面的举措，充分降低了服装闲置的可能性，提升了服装的利用率，助力了服装的可持续发展。

Holzweiler 内部设置有专门的团队来处理可持续发展的事务，进入品牌的官网，我们也可以看到有一个专门的区域讲述品牌在可持续方面的行动。2022 年 4 月，Holzweiler 发布了首份《可持续发展报告》，明确指出品牌希望到 2030 年使用 100%的可持续原料，到 2040 年实现净零排放，这对于服装的可持续发展是莫大的鼓舞。

Holzweiler 品牌为服饰行业的可持续发展提供了有力的借鉴，当下的服装品牌在盈利之外，也应该尽己所能，承担社会责任，助推“双碳”目标的达成。

## 五、陶朗集团

### （一）企业简介

创立于 1972 年的陶朗，于挪威奥斯陆证交所上市，在全球 80 多个国家和地区设有运营机构，是分选和回收技术的引领者，致力于通过技术创新优化资源生产力。2019 年，陶朗全球营业收入约为 93 亿挪威克朗。陶朗基于传感技术的解决方案在资源回收、食品加工和矿产领域应用广泛，促进了经济、社会与环境的协调发展。

引领资源革命是陶朗的发展愿景。为了提升资源生产力，陶朗不断开发前沿性的智能解决方案，涵盖资源的开发、利用、回收和再生等各个环节，涉及矿产开采、食品加工、资源回收和再生等领域①。

（二）创始人与领导人简介

陶朗品牌的创立源于当时一名杂货店主的需求。当时，挪威的一名杂货店主希望能够有一种可以快速回收各种空饮料瓶的自动化机器，于是Petter Planke和Tore Planke兄弟为了响应这个需求在一个小棚屋内打造了世界上第一台饮料瓶自动回收机，也将创新这一特性写进品牌的基因。

自2009年8月开始，Stefan Ranstrand担任陶朗集团总裁兼首席执行官达10余年。10余年间，他率领陶朗进行了一系列的转型，将陶朗旗下的各个业务整合到了一起，并将其打造成了一个强大的品牌。加入陶朗之前，Stefan Ranstrand曾先后在ABB、Data General等公司担任管理相关的职位，也曾在瑞典、印度、德国、瑞士、中国、捷克、马来西亚、日本和挪威工作生活。Stefan Ranstrand一直致力于可持续发展观念及传感分选回收等技术在中国的传播与普及②。

（三）致力于技术创新的陶朗

1. 饮料瓶自动回收机

石油等自然资源的形成需要经过漫长的时间，是非常宝贵的不可再生资源，而我们在面对由石油等制成的一次性制品（如塑料瓶、塑料袋等）时，会使用后直接丢弃，对我们的环境造成了较大的压力。陶朗集团在该业务上进行了战略布局，收购了一系列的相关企业，在全球范围内都放置了陶朗智能饮料回收机。通过该机器，消费者可以投入使用过的饮料瓶，并且获得一定的奖励。回收的饮料瓶也会进行处理，重复再利用，使消费

① 引领传感分选技术，提高资源生产力［EB/OL］. https：//www. tomra. cn/about-us/our-mission/.

② 朗集团CEO荣获欧洲商务领袖大奖［EB/OL］.［2019-02-2］. https：//www. sohu. com/a/297940931_100214832? sec=wd&qq-pf-to=pcqq. c2c.

者、社会、企业三方获益。

陶朗目前在全球回收了超过400亿个饮料瓶，减少了将近400万吨二氧化碳排放。

2. 资源回收

除了对塑料制品的回收，陶朗集团还对非金属、混合包装物、生活垃圾等进行了回收，研发了智能分选方案，并且利用了先进的传感分选技术。陶朗的检测模块每秒可完成32万次扫描，分辨率达到1mm，在此基础上，结合独家的算法，可以全面捕捉物料的各种信息，确保识别和分选的准确性。在该技术的加持下，机器能够更准确地扫描和识别出不同的材质，并且借助红外、激光、X射线、可见光等多种光学检测技术，进行多维度的识别，实现精准的分选。在该方案的指导下，机器提高了回收的效率和准确性，提升了资源利用率。根据统计，每年陶朗集团回收的金属相当于4850架波音747飞机①。

3. 食品分选

在食物的分选上，陶朗集团为马铃薯、水果、坚果等食品行业提供了更为先进的品质分级、光学分选及去皮和包装的解决方案，帮助企业提升了分选的效率，水果的品质也得到了一定程度的保障，企业的经营效率有所提高，也让食品安全有了保障。根据统计，全球有近85%的薯条在加工过程中使用了陶朗的设备②。

总而言之，创新是陶朗品牌的基因，也是驱动陶朗不断发展的动力。陶朗还研发了TOMRA 3C NIRj技术，解决了坚果籽仁杂质分选的难题，利用陶朗独有的“锐眼”技术突破了印刷纸再生利用的瓶颈，还开创了肉质分析技术，为肉食行业的脂肪、蛋白质和水分分析提供了解决方案。企业并没有满足于已经取得的成就，而是不断创新、不断突破，创新的企业基因使企业不断进步与发展，对中国的企业来说具有借鉴意义。

---

① 基于传感的光电分选技术，提升回收行业的效益［EB/OL］.（2017-10-25）.https：//www.tomra.cn/recycling/recycling-technology/.

② 陶朗中国新总部大楼启用，这家领军企业为何选择厦门？［N］.厦门日报，2023-08-23.

## 六、HELIOT EMIL——科技感设计师品牌

（一）企业简介

HELIOT EMIL 是一个来自丹麦的品牌，成立于 2014 年，距今不足 10 年，虽然品牌诞生没有多久，但是该品牌以其独树一帜的风格在一众年轻的品牌中脱颖而出。HELIOT EMIL 采用实验方法探索形式和功能之间的界限，不断推动创意产业内的语义对话。

（二）创始人简介

该品牌由哥本哈根的 Julius Juul 与 Victor Juul 两兄弟创立。Julius 担任创意总监兼设计师，Victor 担当品牌运营总监。HELIOT EMIL 的名字则是来源于他们祖父的名字。在兄弟两人成长的过程中，受到了现代艺术及建筑的熏陶，服装风格独树一帜。

（三）颠覆传统美学的 HELIOT EMIL

1. 颠覆传统

与传统的斯堪的纳维亚风格不同，品牌抛弃了传统的斯堪的纳维亚风格的极简属性和单色风格，更多考虑实用功能。品牌设计师认为，服装并不应该仅仅只局限于某一种功能，而是应该满足人们在多样环境下的使用需求，因此在设计细节上，品牌加入了许多军装中出现的口袋；在剪裁上，品牌也将现代的剪裁方式与传统的军装进行了结合，做出了许多颠覆传统概念的设计；在颜色上，采用了大量的黑色，辅助以少量的浅色系，给人以舒适的视觉感受。

除此之外，品牌与传统的冷淡风最大的不同便是，品牌加入了很多解构的设计，在灵感的选择上，也融合了当下年轻人喜爱的电子音乐、当代艺术等。不对称的设计是品牌非常具有标志性的一个特点，不对称的衬衫是消费者所喜爱的品类，也成为了品牌的标签。

2. 面料革新

面料上的革新是品牌吸引消费者的一个关键，品牌自主研发了一款名为“Liquid Metal”的服装，表面能够呈现出液态金属的效果，在不同的光

源效果下，能够呈现出不同的肌理效果，呈现出与普通的棉麻面料不同的更为炫酷的外观。

3. 有趣细节

相较于其他的服装品牌，HELIOT EMIL 在设计的过程中还加入了很多有趣的细节设计。例如，在品牌 2020 年的春夏系列中，一款工装裤的设计具有磁力吸附力，消费者可以通过 DIY 的方式任意改变口袋的外部形态，具有可玩性，深深吸引了消费者。同时，该品牌的高领夹克的领子部分还可以成为一个面罩，穿戴之后显得人帅气十足，这些有趣的细节的设计成为吸引消费者购买的一大法宝。

从品牌成立到现在短短几年的时间里，HELIOT EMIL 因其创新性的设计和鲜明的风格，从一众冷淡风的北欧品牌中脱颖而出，剪裁设计、面料应用、细节设计都展现了哥本哈根新兴的时尚审美。随着在多元文化下成长的 Z 一代的崛起，独特的 HELIOT EMIL 影响了更多品牌的设计风格与呈现，也逐渐成为消费者追捧的品牌。对于当下的中国服饰品牌来说，不应盲目追随流行趋势，将品牌过早商业化，而应结合自己的文化背景，通过设计的方式与当下的年轻人交流，确立自己的设计风格，唯有如此，才能在一众品牌中脱颖而出，帮助品牌盈利。

## 七、人车合一，贴地飞行——萨博汽车

（一）企业简介

萨博原来是一家生产军用飞机的制造企业，后来与生产载货汽车的斯堪尼亚公司合并，成为一家生产轿车、卡车、飞机、计算机等产品的综合性公司。萨博汽车的身世比较复杂，1990 年被美国通用汽车收购，2010 年被卖给荷兰世爵汽车公司①，后来又被瑞典国家电动车公司收购。萨博公司生产的萨博汽车具有创新、安全的特点，采用涡轮增压技术，在当时是极具创新性的代表企业。萨博汽车的车标是一头戴着王冠的狮子头像，其中

① 这个汽车中的“战斗机”品牌，曾经每款车都称得上经典丨CAR STORY［EB/OL］.［2019-06-11］. https://www.dongchedi.com/article/6701244949381251587.

王冠象征着高贵，狮子代表着权利。整个 LOGO 呈现出一种半鹰半狮的形象，这在瑞典南部的象征意义是警觉，而这恰好也是萨博汽车的诞生地。这个图标的设计者同样也来自瑞典，他是瑞典著名的艺术家 Carl Fredrik Reutersward。蓝色圆形底图的设计，融入狮身像，标上萨博的标识，整体风格一致，显得高贵而又新颖①。

（二）创始人简介

萨博汽车后来被 NEVS 收购。NEVS 创始人是蒋大龙，他于 1965 年 10 月出生，祖籍是山东，瑞典籍华人。他曾经担任沃尔沃集团的高级顾问，恒大集团董事局副主席，恒大国能新能源汽车集团董事长。

（三）企业主要创新点和创新事迹

1. 涡轮增压技术的运用

涡轮增压技术是萨博汽车的标志性创新技术，这项技术已经成为全球汽车行业公认的标准②。航空背景出生的萨博，跨界去了汽车行业，敢把飞机上的机械技术应用在汽车上，萨博是第一个“吃螃蟹的人”。涡轮增压器的成功应用使汽车动力性能得到了极大的提升，提升了驾驶者的驾驶体验，特别是对一些在速度方面有严苛追求的汽车爱好者。

2. 全球汽车安全领域领导者

萨博汽车在安全性能方面做得也非常出色。萨博汽车的每一种车型均达到了欧洲安全评鉴协会的认可，并且给予了五星安全标准的极高肯定，出色的安全系统可以最大限度地保障乘坐者和驾驶者的安全③。飞机的制造强调最多的点就是安全，因此萨博作为一家本来制造军用飞机的汽车制造企业，在安全保障方面拥有更多的经验和更先进的技术。在安全系统的保障下，萨博强调给驾驶者“人车合一”的极佳驾驶感，萨博的制造理念受到了一批高端人士的欣赏。萨博不仅仅只是一个安全性能好、动力强劲的

---

① 萨博汽车［EB/OL］. http：//www. sotto. cn/case1-21. asp.

② “前驱之王”——回顾已经消失的汽车品牌 Saab 萨博［EB/OL］.［2018-06-27］. https：//mp. weixin. qq. com/s/Xf3ztLxNGOj4RXe7A3yUrw.

③ “萨博”要走了，回忆“萨博”的那些年［EB/OL］.（2016-06-26）. https：//m. 163. com/dy/article/BQDMJORE05278D6E. html.

汽车品牌，投射到这些高端人士的身上，象征着他们追求卓越、不断创新的人生态度。

3. 整车创新的细节设计

萨博汽车注重细节设计，汽车的许多地方采用了当时市面上独特的、具有创新性的设计。萨博汽车的驾驶舱是模拟飞机驾驶舱制造的，突出驾驶体验的简洁、方便、高效。萨博汽车的挡风玻璃采用流线型包围式挡风玻璃，提高了可视性的同时，也非常符合空气动力学。萨博汽车的整体车型为曲棍球型，这种独特的曲线美使萨博的外观看起来非常引人注目。在点火方面，萨博汽车的点火钥匙被设计在手刹器和变速箱之间，使驾驶者可以随手点火启动汽车。萨博始终围绕着驾驶体验感进行精心设计，萨博汽车的加热座椅是当时汽车行业的首创。在驾驶员驾驶累的时候，可能需要一杯水，萨博综合了实用性和方便性的原则，设计了折叠式杯托。瑞典作为发达国家，在国家交通安全方面的法律是非常严苛的，酒后驾车这种危险的驾驶行为在瑞典是严格禁止的①。因此，萨博汽车结合当时的政治环境，创新研发技术，研制出了萨博酒精钥匙。它的使用方法很简单，驾驶员只需要在探测口处呼吸，使可采集监测样本，监测结果经过无线信号传达到汽车电子控制系统，并根据酒精含量是否超标来决定是否启动车辆。

## 八、ECCO（爱步）——创新，永不止步

（一）企业简介

ECCO的前身是丹麦南部的一个小制鞋厂，经过多年的发展，现在已经成为世界著名的鞋类制造集团。ECCO设立的初衷是，希望为消费者设计出既舒适又时尚，而且适用于多种场所的鞋类产品②。ECCO的核心经营品类是休闲鞋类，但在户外、运动、儿童等多个细分领域也均有涉及。ECCO凭

---

① 瑞典——交通最为安全的国家之一［EB/OL］.（2020-03-04）.https://mp.weixin.qq.com/s/7GONaksIJlTHf2s6V_e6nw.

② ECCO让行走成为乐趣［EB/OL］.（2017-04-17）.https://mp.weixin.qq.com/s/P4ZrHYQ4f7i_yeQ660dVXg.

借其可靠的产品质量和技术革新，成功地将舒适和时尚结合在一起。

ECCO 对原料生产、研发设计和产品制造整个环节进行严格监管，这种模式方便了 ECCO 进行资源垂直整合，最大限度地掌握整个生产设计环节①。ECCO 在全球众多国家均有销售点，ECCO 凭借其生产的皮革质量上乘，成为多家奢侈品品牌的供应商。ECCO 在中国地区的发展是从 1997 年开始的，第一家 ECCO 门店设在中国北京。在 ECCO 长期战略规划中，中国市场是一个重要地区。2012 年，ECCO 在上海设立了爱步企业管理（上海）有限公司。

（二）创始人简介

ECCO 的创始人是卡尔·突斯比。他最开始只是丹麦的一个普通小鞋匠，但是他却有一个伟大的梦想，想要制作出世界上最舒适的鞋履。在多年的工作经验积累下，卡尔·突斯比在 1963 年创立了 ECCO 品牌，并以“注重功能及外表”为理念，借鉴北欧流行风格，开启他的制鞋之路。

（三）企业主要创新点和创新事迹

1. “鞋必须遵循双足”理念的倡导者

ECCO 成立之初生产的产品与市面上的产品差别不大，没有太多创新的设计，都遵循着当下流行的款式。但是，卡尔·突斯回归到鞋履本身的意义，强调“鞋子必须要合脚”的观点②。当时的时代环境是追求潮流的，并且潮流变革速度很快。在款式各异、五花八门的商品中，卡尔·突斯没有将精力过多放在鞋履的外观，而是坚守自己创立 ECCO 时的初心，追求高质量、高舒适度的鞋履。

2. 创新直接注塑工艺

ECCO 创新直接注塑工艺，该工艺适用于 ECCO 休闲系列和户外系列。这项技术是将具有良好弹性和缓冲性能的材料注入足部模型，并将外底与

① ecco 鞋履故事——为什么我们更好？［EB/OL］.（2021-01-29）. https://mp.weixin.qq.com/s/KDHlAHjfDKcYVGhn81Pg2g.

② 爱步 一切从您的双足开始［EB/OL］.（2014-05-20）. https://mp.weixin.qq.com/s/9AwT7zVp8yvKH_C_HJLvUg.

鞋面直接黏合。采用该技术制成的鞋履有符合人体工程学的贴合度、良好的缓震性能和出色的灵活性。

3. 自主研发多项创新技术

ECCO 研发了多种提高舒适度的技术，如 BIOM 技术、RECEPTOR 技术，这些技术在户外运动方面表现突出，极大地提高了轻便感、舒适度。此外，ECCO 在鞋履通透性、防水性等各种附加属性方面也非常讲究，先后发明了 GORE-TEX 面料和 HYDROMAX 技术（一种皮革处理技术）。ECCO 坚持创新的企业文化，矢志不渝地追求穿着体验。

# 第四节　商业模式创新企业案例

## 一、音乐流媒体 Spotify 引流之道

（一）企业简介

Spotify 是世界领先的音乐流媒体服务，于 2008 年 10 月在斯德哥尔摩推出，拥有数亿活跃用户，占领全球流媒体行业 1/3 以上的市场份额。该公司在短时间内迅速成长，其成长的动力来自持续的创新。

在发展的早期，Spotify 使用 P2P 技术来加速音乐缓存，随后在技术方面不断突破，更多的服务器和带宽在全球范围内部署。Spotify 有着良好的技术，从而得到了一些世界上著名的唱片公司的支持，如华纳、索尼和百代。真实的音乐、流畅的操作和丰富的音乐库已成为其主要特点。

2017 年 Spotify 宣布与腾讯控股有限公司和腾讯旗下的腾讯音乐娱乐集团联合进行股权投资，以加强世界上最受欢迎的两大数字音乐平台之间的联系；2018 年 Spotify 在纽约证券交易所成功进行了首次公开募股，在当年的世界 500 强品牌排行榜上排名第 378 位；2019 年在 Interbrand 发布的全球 100 强品牌排行榜上排名第 92 位。

（二）创始人简介

丹尼尔·埃克于 1983 年 2 月出生在瑞典，是音乐流媒体巨头 Spotify 的联合创始人和 CEO。瑞典是一个有浓厚创新氛围的欧洲国家，拥有良好的音乐氛围和良好的商业土壤，从爱立信到沃尔沃和 Skype，各类创新企业在这片沃土上发展。

大学毕业后，埃克开始从事网络营销工作，并成为 Stardoll 的技术总监。虽然他不是那个时代最好的程序员，但他总是能提出基于计算机的新想法，并具有令人钦佩的合作和激励他人实现项目的能力。2006 年，埃克以 120 万美元的价格将他的前一家公司 Advertigo 出售给 Traderdoubler 并获得了利润。同年，Spotify 提出了 The Pirated Bay 的想法，这是一个当时著名的瑞典文件共享平台，使用 P2P 技术来传输文件。埃克想把这种技术用于音频和视频，创建一个免费的、有广告支持的流媒体服务。然而，与其他平台不同的是，Spotify 致力于推广正版的行为导致在发展的早期阶段面临来自音乐产业巨头的很多阻力。2007 年春天，Spotify 终于获得了试用许可，并进入测试阶段。

2000~2010 年是音乐产业惨淡的十年，除了苹果的 iTune 卖出了几张正版单曲外，盗版几乎摧毁了传统 CD 唱片公司的商业模式。最初，埃克预计 Spotify 能在六个月内谈妥，并给唱片公司 5%的收入份额。事实并非如此，埃克花费很长时间了解权利的细节（如线性和非线性权利），与形成“联盟”的四大唱片公司进行谈判。

Spotify 最初的想法是做广告，让用户免费使用所有功能，然后给唱片公司分成。然而，唱片公司希望提供付费服务，2008 年 7 月，当与唱片公司的谈判仍处于困难阶段时，埃克意识到，以一个方案获得全球版权是不现实的，于是决定接受北欧和一些欧洲国家的次优报价。随后，Spotify 在瑞典、法国、英国和西班牙推出，公司迅速发展。同年 8 月，Spotify 完成了一轮 1200 万美元的融资，在金融危机前，该公司的估值为 8600 万美元。

然后，它们转向另一个重要的市场——美国。美国市场比欧洲复杂得多，起源于欧洲的 Spotify 对这个新市场十分陌生，两位创始人的名声也并不响亮，但幸运的是他们找到了一位发现美国市场的领航者肖恩·帕克，他曾创办过著名的盗版音乐软件 Napster，他更是有名的投资者。肖恩·帕克加入了 Spotify 的董事会，帮助开拓美国市场。

十几年前，丹尼尔·埃克就入选了第一届《福布斯》“30 岁以下精英”名单。今天，Spotify 不仅在股票市场上的估值超过 500 亿美元，而且其自身的价值也超过 40 亿美元。当你见到他时，你会发现他是一个温和而简单的人。他非常安静，不苟言笑，但这背后是对建设 Spotify 的真正决心和热情。有趣的是，埃克是作为一个年轻的局外人进入音乐行业的。在音乐行业被来自纽约、好莱坞和伦敦的强大经纪人和艺术家主导的时候，丹尼尔·埃克从瑞典的斯德哥尔摩来到美国进入这个行业。他很年轻，也很谦虚，能够做到别人做不到的事情，如把技术、经验、商业和唱片交易结合起来，让别人愿意把自己的歌曲交给他，并从中获利，一直以来他保持了这种激情。

（三）营销模式创新——多样化的营造策略

1. 灵活打造营销策略

Spotify 的营销策略专注于趋势性、流行性话题，以吸引社交媒体的关注和新的消费者。Spotify 的营销策略会根据当前社会的变化进行调整和更新，这种对社交媒体热点的关注将 Spotify 的营销结构塑造成一种动态的、不断发展的模式，不断使用新的策略来吸引客户。

2. 打造个性化营销

Spotify 的个性化营销通过“年度回顾”功能向用户展示了公司如何提供有价值的流媒体体验，提高了品牌的忠诚度；Spotify 的个性化营销是可分享的，音乐是消费者互动的一个因素，用户可以通过“年度回顾”了解彼此在听音乐时的偏好。此外，Spotify 的个性化营销是及时的，用户回顾过去的一年会记住他们在 Spotify 上听过的音乐，并在未来一年继续在 Spotify 上聆听音乐。

3. 全新盈利模式

随着“赞助歌曲”的推出，Spotify 创造了一种新的盈利模式。“赞助歌曲”功能允许唱片公司将其艺术家和歌手的歌曲添加到 Spotify 的趋势歌曲列表中，Spotify 的海量数据会更新每个目标受众的“赞助歌曲”列表。其实对于音乐来说，音乐创作本来就应该得到回报，而 Spotify 的这项举措可以看作免费模式下对唱片公司的补偿。从整体上来看是利大于弊的，歌单可以作为新的生意，既帮助音乐作品拓宽了渠道，又能改变音乐售卖的局限性。对于 Spotify 来说既能避免对用户进行过度的广告轰炸，又能吸引更多的用户①。

4. 语音互动音频广告

Spotify 推出了声控互动音频广告，只有当听众打开麦克风时才会发挥作用。广告播放到一半时，会有提示音问你是否想听与当前内容相关的歌曲播放列表，如果听众回复“playnow”，Spotify 就会播放专门为广告内容策划的音乐。就像现在我们在平板电脑和手机上用手指滑动一样，语音命令已经成为我们的新习惯。虽然 playnow 命令是一个引人注目的新功能，但就像任何新的技术功能一样，品牌需要确保新功能在推出之前能给听众带来一些价值，这样新功能才能得到认可并且持续发展。

5. 更新 CD 音质，迎合顾客需求

Spotify 一直以来都是全球网友非常喜欢的流媒体播放器，因为其版权丰富且定位明确。Spotify 一直坚持自己的初心，不在与音乐无关的功能方面不断更新，如“万事皆可短视频”的理念就让许多音乐爱好者感到不适。现阶段的 320K 音质，无法满足音乐发烧友的要求。因此，Spotify 将为用户提供 HIFI 级的 CD 音质，从而改善大家吐槽的音质不佳的问题。

6. 创新 Spotify 设计原则

Spotify 最早的设计原则 Lagom 诞生于 2013 年，因为 Spotify 是一家以瑞典文化为基础的公司，而 Lagom 是瑞典特有的文化特征，表示“注重平衡和谐，尽善尽美”。随着事业版图的扩大和消费者需求的变化，Spotify 设计原则的三个问题逐渐凸显——只专注于消费者的音乐体验、设计概念重叠、

---

① 邓美 . Spotify：和宠物一起听喜欢的歌［J］. 销售与市场（管理版），2020（5）：100.

记忆困难，因此设计原则的更新便提上了日程。新的 Spotify 设计原则包括相关性、人性化和统一性。新的原则首先把用户作为一个个体来对待，Spotify 为你量身定做音乐流媒体服务，在正确的时间为用户呈现正确的信息；其次 Spotify 是关于交流、表达和人际关系的软件，应该像文化本身一样充满活力，不能只进行简单的技术化或功能化；最后产品功能和应用将体现品牌感，所有线上线下设计都具备 Spotify 的品牌统一性，通过这种一致性在产品中与用户建立熟悉感和信任感。

7. 更新服务对象

Spotify 在发展过程中更新服务对象，制定相关战略吸引有小孩的家庭。Spotify 在应用中重新推出了儿童类别，包括关注于词汇和语言发展的新播放列表，并在歌曲中添加语音提示，鼓励家长和孩子们一起听音乐时能与孩子们互动。新的儿童播放列表是围绕孩子们的日常活动设计的，如睡觉、洗澡、汽车旅行等。它与其他播放列表的不同在于，在 Spotify 所提供的服务里歌曲之间有一个休息时间，家长会听到语音提示或谈资，这能够鼓励家长与孩子进行交流。音乐能促进早期大脑和语言发育，特别是 0 到 3 岁的儿童。鉴于此，Spotify 重新启动了 Kids and Family 项目，特别关注这个年龄段的儿童。

## 二、全球知名的游戏公司——Supercell

### （一）企业简介

Supercell 是世界游戏领域的领导者，被认为是世界上非常成功的游戏公司。小而美一词是对 Supercell 的准确描述。自 2020 年成立以来，公司只有 300 名员工，但人均利润却达到了 1450 万美元，有 7 名员工进入了芬兰个人纳税榜单的前十名，整个公司的年收入相当于芬兰 GDP 的 1%。Supercell 的 CEO 一直坚持组建最优秀的团队，最大限度地提升成功率。2016 年 6 月，腾讯以近 600 亿元人民币（86 亿美元）的价格收购了 Supercell 84. 3% 的股份，获得了该公司的大部分股权。

（二）创始人简介

Supercell 成立于 2010 年，创始团队只有 6 个人，目的是创造人们可以一直玩的好游戏。这家芬兰工作室的第一款游戏是《魔兽》，在 Facebook 和网络游戏非常流行的时候，该团队希望通过增加更多的社交功能来吸引更多的玩家。

创始人 Ilkka Paananen 在接受采访时说："到了 2011 年下半年，Facebook 不再是理想的游戏平台，团队希望转向移动平台，尤其是 iPad。"与许多试图转型的团队不同，Supercell 取消了 Gunshine，然后决定全力以赴开发便携式游戏，在此过程中开发了五款便携式游戏。到了 2012 年，其中三个项目没有达到团队的预期被放弃了。

在发展过程中，Supercell 的优秀游戏《部落冲突》特别引人注目的一点是，安卓版本的"姗姗来迟"。谈到这一点，Ilkka Paananen 说："这是一个团队的决定。我们的两款游戏当时都在美国 iOS 畅销榜的前十名，紧随其后的是《部落冲突》，但当时我们觉得游戏仍然是一个进展中的作品，游戏总是需要改进的，当时我们仍然有很多东西想加入游戏中。我们相信专注的价值，如果我们过早地推出安卓版本，势必会影响到这些功能的开发，而这个决定实际上需要很大的耐心，所以我们决定专注于 iOS，继续改进游戏。"当安卓版本发布后，《部落冲突》迅速成为安卓平台上的畅销产品，《部落冲突》的成功程度可能是大多数游戏团队无法企及的。根据 Ilkka Paananen 的说法，Supercell 拥有超过 2.5 亿的游戏用户，这是该公司在早期无法想象的数字。

在手游市场爆发性增长之初，许多人认为手游是"短暂存在"，因为许多数据显示，大多数手游产品在市场中持续时间不到六个月，但是《部落冲突》已经存在了十余年，并且仍然在全球畅销榜上名列前茅，其收益是许多 PC 甚至主机游戏无法比拟的。在谈到《部落冲突》的长期成功时，Ilkka Paananen 说："玩家的持续支持是最重要的原因，因为十余年来社区玩家对游戏的忠诚度令人惊叹，游戏发布以来社区玩家们对于更新中糟糕的功能会提出建议和反馈，Supercell 的游戏开发团队也十分关注和重视玩家们的建议和反馈。”

Ilkka Paananen 认为公司文化也是成功的重要原因。正如他在年度公开信中提到的，如果能回到过去，他最想改变的事情之一是在早期就确定公司文化。在 Supercell 成立的时候，创始团队非常喜欢 Netflix 的结构，但是并没有关注公司文化，团队规模一直在慢慢扩大，甚至在公司成立两年后，还没有决定公司的价值观是什么。根据他们的经验，定义公司文化、核心方向、核心价值观不需要太早。基于自身的经验，Ilkka Paananen 建议游戏公司的创始人尽早确定公司的价值观和文化，并指出公司的文化不是静态的，而是一种动态的系统性活动。它不应该只是 CEO 或几个经理自上而下的指令，应该包括所有团队成员的想法。此外，他还建议不断更新公司文化。

（三）模式创新——小前台+中台

Supercell 最值得介绍的便是其模式。由五六个员工组成一个名为 cell 的团队，鼓励每个团队成员都参与其中，都有权利对研发的游戏产品作出关键决定，而 CEO 的权利被最大限度缩小，只有审批团队建立和审批游戏是否可以由 Beta 测试进入全球上线阶段两个权利。在这样的模式下，扁平化的工作空间给员工的创新带来了巨大的助推力。除了 cell，Supercell 的模式中至关重要的一点便是它能更好地服务研发团队，在游戏开发过程中结合公共和共享的游戏材料和算法，汇集科学的研发工具和框架体系，能在短时间内支持多个小团队的开发，能够支持多个小团队在短时间内开发一个新游戏。

## 三、B&O——以创新为血液的企业

（一）企业简介

Bang & Olufsen（以下简称 B&O）自 1925 年在丹麦斯特鲁尔成立以来，一直以卓越科技和感性魅力完美结合的音频、视频产品享誉全球，充分体现了 B&O 质疑常规、绵延惊喜的企业愿景。拥有 90 多年历史的 B&O 一直执着于运用精挑细选的材料和完美精湛的工艺。凭借卓越品质和超凡脱俗的设计，B&O 成为丹麦皇室御用品牌。

从耳机、电话、数码音乐播放器等小型产品，到电视机、扬声器、DVD 播放器等家庭影院系列，产品备受赞誉，除了满足消费者对顶级视听产品的不同需求外，它还为消费者带来了无与伦比的视听体验，更将简约奢华的生活方式演绎到了极致。

（二）创始人简介

B&O 创始人 Peter Bang 和 Svend Olufsen 的创业故事极具传奇色彩。Peter 的父亲酷爱各种高科技与新技术，在自己的公寓中经常添置各种新奇的发明，受到父亲的影响，Peter 也喜欢上了各种新奇的发明，并且痴迷于各种电子和机械事物。机敏的他意识到了蓄电池需要经常充电的不方便，捕捉到了无线电行业的发展前景。从电子学校毕业的 Svend Olufsen 搭建了一个阁楼继续自己的无线电子梦。Peter 在美国刻苦钻研，他从美国回来后，一个小的农场主向 Svend 推荐了 Peter，就这样，他们两个相见恨晚，并展开了合作。1932 年，Peter 和 Svend 遇到年仅 16 岁的艺术家 Henrik Dahl-Mikkelsen，他为公司设计了一个以 B&O 为简写的标志，至此，B&O 便成为公司的名字。

在高颜值的机器及过硬的技术支持下，B&O 的收音机迅速走红，并且撼动了当时整个的影音节，将扬声器的定位和期望升华到了一个崭新的境界。

（三）以创新为血液的创新企业 B&O

1. 技术上的创新

技术上的创新是企业得以长久生存发展的基础，公司成立后，不久便推出了第一件在商业上取得成功的产品 Eliminator，它是一款可以直接利用交流电来运作的收音机在当时所有的收音机都需要电池供电的背景下，B&O 显得与众不同，创意十足，该产品帮助企业打开了市场。1934 年，B&O 第一次亮出自己的设计态度，生产出了“会唱歌的汽车”——Hyperbo5 RG Steel，这一产品整合了收音机、唱机、扬声器，在当时受到了消费者的热捧，带动了企业的进一步发展。

时间线拉到现在，随着技术的进步及消费者生活方式的变革，公司结合当下年轻人追求音质、便捷、服务的特点，推出了便捷式扬声器，用令人意想不到的创意引领行业的发展。在平面电视机的设计上，采用了等离子技术中最先进的技术，集卓越的音色、优雅的设计于一身，现如今，其产品从家庭应用逐渐扩展到了酒店、汽车等领域，收获了消费者的热爱与好评，也让消费者对 B&O 的产品充满期待。乔布斯这种因为找不到满意的床甚至睡地板的人都是 B&O 的忠实粉丝，由此可见其魅力。

B&O 率先推出了家庭组合印象的概念，在家庭这个应用情境下推出了多种品类，如扬声器、电视、家庭音响等，可以应对不同场景的影音需求。同时，品牌还重塑转盘，推出了触摸感应式的控制器，在技术创新的维度极大方便了消费者的使用。自然还原和最佳音质效果是 B&O 输出的核心，企业致力于生产出能够真实还原原始声音的产品，企业所使用的所有驱动器都是封闭式机柜，可以完全控制声学的参数，这使 B&O 的产品不会干扰到周围的环境，这也帮助品牌在家庭影音、高端品质影音的市场上持续破圈。

2. 设计上的创新

设计创新是 B&O 最为核心的创新，曾担任 B&O 董事会主席的 Peter Skak Olufsen 曾说过："设计是我们的核心。"正是因为设计上的不断创新，B&O 得到了消费者的喜爱，使品牌的用户规模不断扩大并发展到现在。在对待设计的态度上，有着将近百年历史的 B&O 完美呈现了丹麦的设计精髓，一如创始人的最初理念："将简洁的美学结合出色的真实音质融入在生活场景中，为人带来魔幻的音乐享受。[①]"

在二战时期，因为拒绝与德国人合作，B&O 的房子被炸药夷为平地，这并不能击垮它们，也不能阻挡设计师和成工创新的热情，反而愈挫愈勇，开创了收音机等造型、风格设计的先河。1965 年，被誉为"电子产业设计天才"的 David Lewis 加入后，B&O 的设计更上一层楼。

---

① 【经典设计】B&O 设计精髓［EB/OL］．［2020-10-12］．https：//zhuanlan. zhihu. com/p/264973629.

在当时，包豪斯影响下的实用主义盛行，这种极简的设计和流畅的外形，逐渐成为B&O设计的重点与核心。B&O现在所针对的消费人群就是既喜欢设计又喜欢音乐的年轻人，B&O的设计同样融合了诗意的美学，结合极简的外形，具有一种高度和谐的美感，使其能够在任何一个我们生活的场景中不显得突兀与喧哗，尽显高端的华贵之感。

B&O的设计具有北欧风格的简约、自然、人性化特点，同时还具有实用主义气质，他们注重设计背后的理念与故事。在材料的选择上，区别于其他的影音类产品，B&O选择的材料的外观贴近于自然形态，设计师会运用大量的原木、柔软的纺织品、金属等，能够毫不违和地融入我们的生活场景当中。同时，对材料的后加工与处理也是其核心竞争力之一，品牌通过抛光、阳极氧化等手段对材料进行加工，使材质最后温润而不突兀；在造型的设计上，B&O设计的一大特点就是具有雕塑般硬朗的外形，像一座艺术品，但是也不会很突兀，在细节的设计上也很用心，B&O的产品没有传统影音产品的滑动、滑行的物理组建，而是采用感应的形式，只要你靠近就会有传感器点亮控制面板中的UI，给消费者带来了曼妙的消费体验。

3. 营销上的创新

相较于企业在技术和设计上的不断创新，企业在营销和传播上的努力则稍显薄弱。一位B&O的成员曾经自豪地说："我们从不问消费者他们需要什么，因为我们有能力兑现承诺。"随着时代的变迁，20世纪80年代，面对以日本为代表的新兴的电子技术的冲击，B&O的经营逐渐显得力不从心，在这种情况下，企业开始将精力投入到营销当中，更关注于消费者的生活方式及影音类产品的使用习惯。

结合当下追求个性、颜值的情况，在消费上有讲究的千禧一代和Z世代逐渐成为消费的中坚力量，品牌在营销上开启了年轻化的道路。在定位上，一方面，B&O的目标客户群还是原来的那些有一定消费能力的高端人士；另一方面，他们通过技术革新，扩大产品的服务人群，如推出子品牌B&O PLAY。在操作上，一方面，通过较为亲民的定价吸引消费者购买，扩大销售，吸引年轻人的注意力；另一方面，正式进入中国市场，收回由经销商经营的门店，转变为品牌独立经营，在这些门店中全部加入 B&O PLAY 的产品，同时在第三方的零售店销售 B&O PLAY 的产品，促使消费者因 PLAY 品牌的吸引而接受 B&O 的本品牌，以这种方式推动品牌的年轻化转型。在产品上，品牌在设计产品的时候也考虑了中国市场的特性和喜好，在设计语言上贴合市场的特点。例如，在颜色方面增加中国红的设计，在屏幕的尺寸方面增加大屏幕，同时完善售后服务，提升消费者的满意度。与此同时，品牌也积极与一些独立设计师合作，合作的设计师多是来自丹麦家具设计领域的代表人物，丰富了品牌的设计语言，吸引年轻消费者注意的同时，丰富了品牌的灵感来源，使品牌能够在较大程度上避免对市场妥协①。

B&O 精湛的技术美学不仅在音响设计领域获奖无数，更被营销大师 Martin Lindstrom 选作感官品牌的经典案例，在全球 200 个价值最高品牌中的“感官卓越”品牌里，它位列第八。

总而言之，创新就像是 B&O 的血液，贯穿企业发展的始终，在其精益求精、不断创新的基础上，提供给了消费者难忘的视听体验，促使企业不断发展壮大，并成为影音制造行业的头部品牌，中国的影音类企业可以将该企业作为一个参考。

## 四、Ganni——可持续商业模式

### （一）企业简介

Ganni 是来自丹麦哥本哈根的品牌，于 2000 年创建，由 Ditte Reffstrup 与 Nicolaj Reffstrup 夫妇两人共同运营。创意总监 Ditte Reffstrup 的设计旨在让人们感受自己最自信的一面。Ganni 拒绝随波逐流，这是一种心情，一种态度而不只是一种穿衣风格。

Ganni 的使命是：为衣橱添置便于穿搭的必备单品。其设计充满俏皮精

---

① B&O 90 年了，但总在制造新奇［EB/OL］.（2022-09-30）. https://www.wenmi.com/article/pymuxp03moly.html.

神，以趣致花卉、个性印花、荷叶边饰等征服了众多时尚达人的心①。

（二）创始人简介

Ganni联合创始人Ditte Reffstrup与Nicolaj Reffstrup夫妇于2009年从好朋友Frans Truelsen手中接管了Ganni，后者于2000年建立该品牌，主要出售一些羊绒针织品，当时每年的营业额在100万欧元左右，发展到现在，Ganni的估值已经达到5亿至7亿美元。其2020年收入达到7600万欧元，受疫情影响同比增长1.3%，不过相较普遍下跌的同类服装企业，品牌销售依然保持逆势增长。

在当初接手品牌时，Ditte认为现有的斯堪的纳维亚风格并不能够精准代表他及他的朋友的着装风格，于是他们在现有的斯堪的纳维亚风格的基础上进行了改良，创建了充满对比、反差、乐趣的风格。在Ditte的带领下，品牌并没有迷失于流量与销售之中，而是沉淀下来，厚积薄发，他们对于商业具有谨慎的意识，这使得Ganni品牌不断创新、突破和发展。

（三）打造当下小众品牌的可持续商业模式

品牌自2019年起每年都发布时尚报告，报告会详细介绍品牌正在进行的事项，我们可以看出品牌近些年的布局和动作。从报告中我们可以看出，Ganni正在从供应链、产品设计、社会责任等多方面打造可持续的商业模式。

1. 风格创新

正如前文提到的，Ganni现有的设计丰富了具有女性气质和民族风情的布尔乔亚风及极简风，将具有女性气质的蕾丝、娃娃领等与具有冷硬感觉的皮革夹克进行搭配结合，用更为柔和的方式去演绎狂野的元素与图案，最终形成了进阶版的斯堪的纳维亚风格。风格上的创新奠定了Ganni的竞争核心优势，在这种风格下，Ganni具有绝对的话语权，在某种程度上保护了品牌不受其他风格品牌的影响，以及不受新兴品牌的威胁②。

① GANNI［EB/OL］. https://www.mytheresa.com/zh-cn/designers/ganni.html.

② 在扩张到中国市场之前，小众品牌GANNI是怎样成功的？［EB/OL］.（2021-08-18）. https://mp.weixin.qq.com/s/ygLLf3cKhw2HGPkxpVPKSA.

2. 面料创新

根据品牌发布的时尚报告，品牌希望能够在2027年实现绝对碳减排50%的目标，在此基础上，开发创新面料Mylo、Stem和Circulose，并且生产出了皮革材质的替代品，品牌在面料创新方向不断发力。例如，品牌在2022春夏系列中92%的款式都获得了有机认证，同时品牌还尝试利用葡萄制作鞋子。品牌的主理人在2021年的报告中说："我们确认我们将使用INFINNA™，这是一种突破性的再生纺织纤维，我们的目标是从2022年起每年推出五种Fabrics of the Future。"面料上的创新技术增强了品牌的竞争优势，也有助于品牌构建可持续的商业模式。

3. 建立社群

Ganni的爆火离不开社交媒体的推动，在Instagram上有一个著名的标签#Ganni girls。在这个话题下，对品牌感兴趣的消费者穿着Ganni的服饰并进行分享。而且品牌的创始人和Camille Charriere、Susie Bubble及一些社交媒体上的意见领袖较好，他们充分利用了社交媒体这一资源，并在上面持续输出可信赖的内容，帮助品牌破圈，并吸引了一批真正喜欢Ganni风格，并认可品牌文化的一批消费者。这些消费者通过这个话题建立联系，并且吸引更多对Ganni品牌感兴趣的消费者入驻，品牌的影响力进而进一步扩大，形成了一个良性循环，也增加了消费者对品牌的好感度和忠诚度。

4. 设定计划

2020年，Ganni发布了Ganni Gameplan可持续发展计划，希望能够在2023年之前完成设定的44个既定目标。

根据2021年企业公布的报告，Ganni已经完成了44个目标中的30个目标，其中包括使用更加环保的创新面料，实施Ganni的多元化和包容性行动计划，引入"桥梁角色"概念并将这一概念推广到更多的部门，推动性别平等，支持学生、学术界和非政府组织的研究项目，在供应链中定义并嵌入社会责任战略等。这些目标的制定和实施一方面帮助品牌建立了社会责任感，树立了良好的品牌形象，赢得了消费者的好感；另一方面有助于品牌确立明确的发展方向，在各个方向齐发力，增强企业的创新能力与核心竞争力，在与其他设计品牌竞争中保有竞争优势，同时有助于避免企业迷失在流量中而停滞不前。

5. 亲民定价

亲民的定价帮助其建立了独特的竞争优势，许多品牌在引起一定的关注度之后，都会通过提高价格来对消费者进行筛选，进而提升品牌的调性，保持品牌的吸引力。但是这样容易让品牌早期的消费者降低对品牌的好感度。Ganni 自始至终都希望能够坚持自己平价的定位，但是这样做也会给品牌带来消极的影响，导致品牌并不能和一些高客单的消费者进行对话，难以提升品牌的吸引力，品牌只能在分销的渠道上下功夫，以维持品牌的稀缺性。Ganni 将零售店铺视为一个将当地消费者凝聚起来的坐标，而非一个专注于销售的店铺。

6. 随机应变

随着 2020 年新冠疫情的暴发，时尚品牌或多或少都受到了疫情防控的影响，如供应链的中断。Ganni 曾经也和其他的时尚品牌一样，但是 Ganni 并没有将摆脱困境的希望寄托于政府，而是随机应变，品牌通过可持续的措施，采用循环商业模式应对供应链问责制，坚持更加强硬的立场。

7. 打造可持续商业模式

在可持续发展上，除了上述的举措，品牌的主理人 Andrea Baldo 认为，在可持续发展上，需要打造新的商业模式，让资源发挥更大的价值。与前面提到的在原料上想办法创新的服装品牌不同，Ganni 通过在门店开设租赁服务来延长服装的使用寿命。同时，Ganni 还在二手交易平台上推出过一个小型的二手服装系列，也曾与美国牛仔品牌合作推出过租赁胶囊系列，并在品牌的租赁平台 Ganni Repeat 上独家销售。这些对可持续商业模式的探索都激活了品牌的创新基因，增加了消费者的新鲜感，以及对与品牌的好感度。

总而言之，作为一个有着 20 多年历史的北欧时尚品牌，Ganni 并没有拘泥于北欧特有的风格及现有设计品牌的发展模式，而是在产品、定价、分销、社会责任等多方面进行创新，走出了一条独属于 Ganni 品牌的可持续发展路径。当下，中国的一些网红时尚品牌的发展都过于着急，过早将品牌商业化，少了一些文化和内涵上的沉淀，无法在创意层面与全球的优秀品牌竞争，中国的部分品牌需要沉淀下来，等待厚积薄发。

## 五、阿尔乐——奶制品企业

### （一）企业简介

阿尔乐创立于1881年，至今已有142年的历史，总部位于丹麦，在欧洲乳制品行业中市场占有率非常高①。阿尔乐的奶农自营模式最为典型，该模式起源于1881年，当时许多丹麦奶农自发地聚在一起，成立了世界上第一家奶制品合作社 Hjedding Mejeri②，这也是阿尔乐的前身。阿尔乐与中国的故事开始于2005年，2005年阿尔乐与中国的中粮集团和蒙牛建立战略合作，合作的产品包括牛奶在内的多种乳制品。在经过100多年的发展后，2018年，阿尔乐全年达到约900亿元的销售收入，数百万种乳制品已经被成功研制并被广泛销售到全球一百多个国家或地区。阿尔乐快速的发展，不仅在欧洲乳制品行业拥有很重要的地位，而且在全世界也可以称得上是规模巨大的有机乳制品生产商。辉煌成绩的背后是阿尔乐乳品生产和研发技术的支撑，阿尔乐的乳制品生产和研发能力甚至在全世界都是一流的，并且已经取得了多项全球领先、贡献突出的技术专利。因此，阿尔乐在乳制品行业取得的成绩被丹麦皇室所关注，2014年阿尔乐被授权为丹麦王室的官方认证品牌，并且一直作为丹麦王室的奶制品供应商。

### （二）企业主要的创新点和创新事迹

1. 营销创新：丹麦皇家的供应商

想要成为丹麦王室的奶制品供应商，审核条件十分苛刻，不仅要从多个奶制品供应商中依据产品质量、公司规模等多个要素进行筛选，而且还需要丹麦女王亲自签署相关文件。在2014年的初春，也就是丹麦女王玛格

① 解密全球最大的有机乳品生产商：阿尔乐更懂有机［EB/OL］.（2020-10-10）.https：//www.163.com/dy/article/FOIQIDJM05329F33.html.

② Arla/爱氏晨曦［EB/OL］.https：//www.aitansuo.com/brand/brandInfo/1657.html.

丽特二世出生之际，丹麦王室正式确定阿尔乐为丹麦皇室的奶制品提供商，并且一直保持至今。阿尔乐通过“供应丹麦王室的奶制品”这样的营销方式，在丹麦奶制品市场甚至是世界奶制品市场上得到了绝对的认可，获得了良好的声誉，对于阿尔乐奶制品的销售量提升具有极大的意义。

2. 可追溯的奶农自营模式

阿尔乐通过其独创的奶农自营模式，高效地管理和运营着1500万余头奶牛，这些自营奶农世代相传，在接奶、乳制品生产、储存和运输等各个环节注重每一个细节，保证每一个步骤可追溯。同时积极对外沟通与合作，沟通对象包括丹麦、瑞典、德国、卢森堡、比利时、荷兰和英国七个奶源地的9700名牧场主，并通过完整的检测系统保证奶源质量，追求生产优质、卓越品质、牛奶独特的“有机1000法则”。

阿尔乐内部有一套独特的质量标准，被称为“有机1000法则”。“1”代表着阿尔乐是世界上最大的有机牛奶生产商，3个“0”分别表示阿尔乐提供的乳制品是“0”化肥施（使）用、“0”农药喷洒和“0”激素注射。阿尔乐严格要求所有的牧场必须不使用任何合成肥料、杀虫剂和生长调节剂。在阿尔乐的经营理念中，自然规律需要去遵守，以便保持乳制品原始的生命力。因此，在阿尔乐的牧场里，草料的种植过程不会涉及农药或者色素，幼牛们可以保证在健康的环境中成长，生产出来的乳制品也可以保证原汁原味。“有机1000法则”的另外一层含义是，每头奶牛至少可以拥有一千平方米的活动空间，相当于两个半篮球场。每年至少有200天，奶牛可以在户外享受阳光和雨水的滋养，这在许多国家是不可能的。

3. 阿尔乐的Garden质量管理体系

除了“有机1000规则”，阿尔乐还有非常严格的阿尔乐Garden质量管理体系，该体系包括四个重要部分：

（1）牛奶成分：坚持依靠优质奶源生产乳制品。

（2）质量和安全：通过保证奶源的质量和生产环节的安全来确保乳制品的品质。

（3）动物福利：改善奶牛的健康和福利。

（4）环境保护：确保农场的生产活动对环境友好，并以尊重自然的方式进行。

## 六、利乐——包装领先企业

（一）企业简介

利乐公司是一家创立于 1951 年，总部位于瑞典，专业为液态奶提供纸质包装的企业。公司的创新型产品是利乐自主研发制造的利乐四面体包装，经过多年的发展，利乐公司已经将产业链延伸至液态食品加工设备、厂房工程及干酪生产设备上①。目前，利乐主要为全世界各地的食品加工生产企业服务，向他们提供一体化的食品加工设备，包装系统、分销系统的开发，新产品的开发与定位等服务。利乐在全球范围内的主要大城市设立了 41 家销售公司，并根据区位优势设立了 43 家包装材料生产厂。

（二）创始人简介

利乐的创始人鲁宾·劳辛在 1895 年出生于瑞典。鲁宾·劳辛从斯德哥尔摩经济学院毕业后远渡重洋，来到美国纽约哥伦比亚大学继续攻读科学硕士学位。1929 年，在美国华尔街股市的影响下，爆发了全球性的经济衰退。于是，鲁宾·劳辛回到自己的祖国瑞典，和志同道合的合伙人 Erik Akerlund 在瑞典成立了第一家专业包装工厂。他们各司其职，Erik Akerlun 为公司的成立和发展提供资本，鲁宾·劳辛负责公司的管理和战略决策。不幸的是，因为经营不善，Erik Akerlund 选择退出公司，将全部股份转手给鲁宾。就这样，鲁宾·劳辛全权负责这家公司，但是他始终清楚不能轻易放弃。

为了将公司更好地经营下去，鲁宾·劳辛只能采取差异化竞争，试图做出一些创新的产品来获取市场份额。于是，鲁宾·劳辛回想起自己在美国读书期间看到的一种新事物——自助商店，当时这种商店在欧洲还没有出现，他敏锐的商业嗅觉预测自助商店将很快在欧洲兴起。假如自助商店

① 利乐：服务型制造的极致境界——创新式垄断［EB/OL］．（2017－12－18）．https：//mp. weixin. qq. com/s/ZybxpNZHPAkEghjL-Req-A.

在欧洲兴起，食品若要长期地放在自助商店供消费者挑选，那么就一定需要优质的包装技术。在第二次世界大战爆发之际，欧洲大量农村人口为了躲避战争，纷纷涌入城市。但是这些农民只能居住在城市的郊区，因为有食品供给的需求，所以便利店、超市、自助商店就开始在北欧出现。由于鲁宾·劳辛精准地预测了食品包装市场的需求，再加上鲁宾·劳辛苦心的经营，公司逐渐步入正轨，成为欧洲颇具影响力的包装制造工厂。鲁宾·劳辛的自信和敢想敢做造就了他辉煌的创业经历。

（三）企业主要的创新点和创新事迹

1. 洞察行业痛点，牢牢占据上游市场

包装不仅仅对一个企业很重要，对一个产品也尤为重要，特别是食品行业。包装的好坏决定了食品运输的便利程度、销售额的高低。包装的上下游存在许多新的经济增长点，也存在巨大的商业价值。在以往的乳制品市场中，奶制品的包装主要使用的材料为玻璃，然而玻璃在运输过程中有很大的限制，企业在运输、材质成本方面面临巨大的问题。

基于上述行业痛点，利乐创始人鲁宾·劳辛思考如何去解决这些痛点，应该使用什么材质去替代玻璃，如何降低材质的成本。在大量尝试和实验后，鲁宾·劳辛研制出了一种由聚乙烯铝箔、纸复合而成的纸质包装，这种包装比较轻便，在一次使用后可以轻易更换①。这种包装很好地解决了包装材料成本高、运输不便捷的问题，甚至可以将食物更长期地保存。创新后的包装让鲁宾·劳辛获得了巨大的信心，于是基于本土市场的良好销售情况，鲁宾·劳辛将这种创新在美国、新加坡、中国香港等发达国家和地区进行推广，获取了更高的企业利润。

2. 产品免费，耗材收费，成就商业神话

利乐包装在全世界的推广并不是一帆风顺的，尤其是在中国等发展中国家。当时受经济环境、营商环境影响，中国的部分食品制造企业的资金实力其实是有限的，公司运营理念的开放度、包容度、信任度也存在不足。

---

①　靠一张纸每年盈利千亿，这家企业是怎么做到的？［EB/OL］.（2020-06-17）. https：//baijiahao. baidu. com/s? id=1669746490775668488&wfr=spider&for=pc.

因此，在中国市场的推广过程中，一些中国企业根本买不起利乐公司的包装机器，如果买不起包装机器，就无法进行下一步的包装流程，因此利乐包装在中国的推广很难进行。

但是，鲁宾·劳辛转换了思路，他认为应该将目光放得更加长远，不一定局限于包装机器的单一盈利点，还可以将盈利点放置在其他领域。于是，利乐公司将目光瞄准中国乳制品行业的黑马企业。伊利乳业是利乐公司打算合作的第一家中国企业，并主动提供一个合作方案“伊利公司只需要支付包装设备市场价的20%，但是要保证长期和利乐公司合作，而且要到利乐公司购买包装材料”。除此之外，利乐公司为了保证和伊利公司的长期合作，为伊利公司的乳制品销售制定了可靠的营销策略，帮助伊利公司进行乳制品的推广和销售。利乐公司的诚意也成功地获得了伊利公司管理层的信任，双方展开了持续的合作。

伊利在利乐包装生产线的加持下，以成本更低的优势进入市场，开发了多种新品，如麦芽奶、酸牛奶等。利乐与伊利的成功合作也成功地吸引了中国许多食品制造企业，如蒙牛、娃哈哈、银鹭、光明等。利乐企业靠这种看似牺牲利润实则很聪明的营销手法获得了中国大部分的包装市场①。

3. 成就客户，同时成就自己

利乐作为一家To B端的企业，对客户关系的维护极为重视。利乐80%的利润来源于20%的客户，而这些客户大部分都是乳制品企业。调研关键客户是利乐持续获得竞争优势的法宝，利乐比食品制造企业更加关注消费者需求和市场整体状态的动态变化，并主动整理出调研文件作为合作福利送给相应的客户。通过这样的“利客户”思维，利乐成功地获得了客户长期的合作，并一直保持着极佳的口碑。

由于极佳的口碑，市场上利乐包装的材料价格远高于普通材料。利乐承诺反向食品企业收取20%的设备费用，但是企业生产线上安装了利乐的设备线，后续生产包装就只能选择价格更高的利乐纸料。如果食品企业想

---

① 每年盈利千亿，伊利蒙牛都在给它打工，这家企业做对了什么？[EB/OL]．(2020-06-20)．https：//baijiahao.baidu.com/s？id=1670000953818680712&wfr=spider&for=pc.

要撤换设备，需要付出更高的成本。通过这样的营销方式，利乐包装成功地拿下了许多大客户。同时，利乐可以对选用利乐生产线的企业进行适当降价，如此大的福利和双赢合作模式让许多中国乳制品企业无法抵挡，从经济层面上讲，这样的合作模式也是许多乳制品企业综合考虑包装成本和质量后的最优选择。

## 第五节 效率驱动型创新企业案例

### 一、以人为本的北欧创新设计代表者——Muuto

（一）企业简介

丹麦设计品牌 Muuto 是一家国际知名的斯堪的纳维亚风格设计公司，致力于为历史悠久的斯堪的纳维亚设计风格谱写新的篇章，使其重返国际设计的巅峰。这一愿景也反映在品牌的名称中，“Muuto”一词源于芬兰语“muutos”，意为变化和新视角，有才华的设计师用自己的设计理念自由地诠释日常家居产品。

（二）企业设计理念

Muuto 的两位创始人 Peter Bonnen 和 Kristian Byrge 给予设计师们充分的自由，尊重他们的想法和创意的表达。因此，Muuto 一直能够保持其在家居类别中的国际设计领导地位。尽管该品牌成立于 2006 年，但它已经发展成为一个知名品牌，每一个新产品推向市场都获得了极大的赞誉。Muuto 这个名字在芬兰语中的意思是“变化和新视角”，这与 Muuto 尊重传统和创新的设计精神相吻合。该品牌赋予北欧设计以日常的感觉，关注“人”，并注重新鲜感和天然感。每一件 Muuto 产品都像一块神奇的石头，打开了通往新世界的大门，当你用手指触摸它的表面时，会出现一道道光的涟漪，通畅地串联着生命与生活。

Peter Bonnen 说："我们相信，当代北欧设计的成功之路是我们这个时代的优秀设计师的坚定信念。我们给予设计师完全自由的灵感来创新，并将设计师的发展视为 Muuto 的主要目标"。Muuto 创始人 Peter Bonnen 和 Kristian Byrge 在谈到设计师时说："Muuto 以设计师顺势而为的设计理念而自豪，产出了 Muuto 多样化和个性化的设计，坚持了北欧的传统。"他们选择了优秀的设计人才，通过日常用品自由地表达他们的个人故事，大胆地使用彩色的家具，使室内看起来十分时尚。一些设计师希望改变世界，而另一些设计师则从色彩和形式中找到他们的设计激情，从个人经验中汲取启示。Mutto 设计师的作品从一个全新的角度清晰地反映了当代斯堪的纳维亚设计的精华。

（三）基于北欧风的设计创新

北欧风以极简主义和功能主义为主，Muuto 家居便是其代表。Muuto 家居邀请了来自斯堪的纳维亚各地的设计师，并遵循其主要理念"设计源于人性"，以酷和简单的传统斯堪的纳维亚线条为基础。设计是基于酷和简单的传统斯堪的纳维亚线条。Muuto 的两位创始人 Peter Bonnen 和 Kristian Byrge 从一开始就决心让他们的产品进入世界上最大城市的最好商店①。

## 二、Auddly 音乐社区——解决音乐的版权问题

（一）企业简介

Auddly 是一个集合了歌曲制作家、制作者、艺人和音乐公司的社区，音乐人在上面可以和唱片公司进行沟通协作，同时音乐人可以在上面相互沟通和交流，以解决版权问题。Auddly 还可以对音乐进行追踪，向参与制作的音乐人报告所制作歌曲的点击量、分享量等数据。

（二）创始人简介

Auddly 创办人 Niclas Molinder 是一位瑞典作曲家，在瑞典的唱片行业工作了将近 17 年，和他合作过的明星有玛丽·布莱姬、凯莉·米洛等。在工

① 丹麦品牌 MUUTO：北欧风格设计的传统与创新［J］. 工业设计，2016（9）：34-35.

作的过程中，Niclas 意识到音乐业务的成功除了歌曲本身的质量以外，还有人际交往的因素，后者所占的比重在有些情况下可能会更高，而且音乐行业内部的组织框架并不明确和完善。要实现音乐业务的成功，需要建立一个完善的框架，在此基础上追踪自己的音乐权利。他因此创立 Auddly，开放数字资源，为音乐创作者、制作人、作曲家等提供一个多方协作的空间，使生活在不同地区、不同时区的音乐家能够更好地合作和交流。

（三）解决音乐版权问题的 Auddly

1. 形成了结构化的音乐社区

传统的音乐社区的结构框架并不严谨，音乐、唱片和制作公司之间的沟通少，这种传统的音乐社区结构已经不能够应对人们生活方式的转变和消费方式的升级，不利于整个行业的长久可持续发展。Auddly 则是一种框架完整的社区结构，包括身份认证、注册等对音乐创造的贡献，合作、分享、数据库的建立、投票、评价、消费等形成的数字化痕迹，构成一种非常完整的、结构化的方式。[①] Auddly 的出现为音乐消费提供了一种新的模式，将音乐的创作者、音乐消费者、音乐公司等不同的角色通过一个音乐社区重新连接起来，通过客观上的数据留痕与主观上的沟通交流来解决传统音乐发展模式下版权混乱的问题，帮助音乐人将更多的精力投放到音乐创作中去，将他们从以前凌乱、低效的生活方式中解脱出来。

2. 提高系统的运行效率

全世界的音乐家的种类繁多，不同的音乐家的偏好和对系统的需求是不一样的，Auddly 通过创建虚拟的音乐空间的方式解决了这一问题。在虚拟的音乐空间中，每个人都会得到一个专属于自己的 IPI 编号，瑞典的作曲家协会已经同意向 Auddly 开放数据库，这样就保证了音乐社区上的每个人的信息都是准确、真实的。同时，用户可以在社区内自主编辑自己的主页，可以随时添加自己新创作的内容和信息。如果音乐人还没有同唱片公司签约，可以将 Auddly 音乐社区看作一个资源推广平台，在上面发布优质的作

① 尼克拉斯·莫林德．Auddly 音乐社区：为音乐产业创造新机遇［J］．文化产业导刊，2014（7）：68-71.

品，在涨粉丝的同时可以吸引优质的唱片公司与之签约。现如今，很多的音乐平台都学习了 Auddly 的这个虚拟社区的逻辑。

3. 解决歌曲的版权问题

在 Auddly 上，可以通过一张一目了然的表格了解歌曲的版权分配情况，在其他情况下，歌曲的创作每人占多少版权是很难达成一致的，因为并不是所有人都愿意平分版权，但是在一览表中，我们可以清晰地看到创作者在作曲、歌词等维度的贡献，继而解决困扰已久的版权问题。同时，Auddly 开放在线数据库和创作接口供音乐人使用。用户可以在其中运用各种音乐素材进行创作，同时也可以自行上传音乐素材，将音乐发展的重心转移到创作上，而非版权的纷争当中。

总而言之，可以毫不夸张地说，Auddly 的音乐社区为后来的音乐类软件的发展提供了借鉴与参考，成功将社区中的每一个用户凝结起来，形成了逻辑值得推敲的结构框架，解决了版权问题，为音乐创作提供了极大的便利，有助于产生高品质的音乐作品。

## 三、Happeo——帮助员工内部通信

### （一）企业简介

Happeo 是一个领先的一体化数字工作平台，提出的解决方案是创建一个公司专属内网，员工可以将大部分软件和文档集中存放在一个地方。该平台致力于以“有机的方式”连接团队和员工，帮助他们围绕项目和共同利益进行办公。该平台将资源和应用程序整合到了一个可搜索的内网门户中，并配有一个软件启动器，允许员工通过平台跳转至不同软件①。

Happeo 的使命是让工作变得更快乐。这个一体化的企业社交内联网、知识库、生产力平台、内部通信工具和人员目录被设计为与 Google 套件一起工作，允许轻松集成到许多工作场所的现有系统中。该团队已经拥有一些主要客户，如世界自然基金会（WWF）和 Sourceright（Randstad），并在

① Happeo 获得 2600 万美元 B 轮融资［EB/OL］.［2022-08-18］. https://new.qq.com/rain/a/20220708A07X1A00.

2017 年被欧盟认定为欧洲最具潜力的创业公司之一，在 2019 年被 Next Web 和 Adyen 评为欧洲最热门的规模扩张公司之一①。

（二）创始人简介

Happeo 的 CEO 兼创始人 Perttu Ojansuu 认为：“信息孤岛是任何公司发展的死穴。”因此，他致力于寻找一种能够方便公司团队内部沟通的方式，当对话丢失或无法访问时，团队内部的沟通将无法进行。将公司的沟通和工作集中到一个由紧密整合的平台组成的生态系统中是未来的趋势。他曾经在 Google Workspace 的芬兰区经销商“Gapps”工作，在这份工作中他看到了能够帮助北欧企业进行云转型的机会，在这样的背景下，他创建了“Happeo”平台。

（三）提高线上办公效率的 Happeo

2019 年暴发的新冠疫情极大地刺激了线上事业的发展，随着我们迈入后疫情时代，越来越多的企业开始采用“线上+线下”混合办公的模式。不同于在公司内部办公，公司能够利用内部网络对数据进行追踪，线上办公的网络环境较公司内部的网络来说风险较高，增加了信息泄露的风险，一方面给公司的内部信息安全带来了挑战，另一方面增加了公司内部员工获取信息的难度及沟通的成本。根据 Statista 统计，2022 年员工平均每天在寻找公司文件上所花费的时间超过了 3 小时，比一年前多了一个小时。这种层层加码式的信息管理方式不利于公司内部办公效率的提升。

Heppeo 将公司的资源和内部的应用程序整合到了一个内网门户中，用户在上面，可以通过该平台跳转到任意一个软件，用户不用打开所有的软件去挨个搜索相关的文档和信息，极大提升了线上办公的效率，降低了信息搜寻的成本。

当下有很多企业发展迅速，企业往往没有建立完善的文件知识库及相关的信息搜索系统，这会导致信息上的混乱，降低效率，最终影响企业绩效。Happeo 的出现能够将企业的精力更多集中于企业的主营业务上，让团

① 芬兰商报：2020 年最有希望的 10 家芬兰初创企业［EB/OL］.（2020-05-24）. https：//mp. weixin. qq. com/s/TUZ9VquXSSoU8ghcQFdj1g.

队成员进行更好的协作[①]。

## 四、威卢克斯——建材企业

### （一）企业简介

威卢克斯（Velux）是全球主动式建筑联盟的创始合作伙伴，总部位于丹麦哥本哈根，创立于 1941 年，至今已有 80 多年的历史。威卢克斯在 11 个国家已经建立了 27 个生产基地，在全球 36 个国家和地区设有分公司，目前拥有 12500 余名员工[②]。威卢克斯是 AH 空间解决方案的提供者，一直倡导 Active House 的建筑理念和风格，专业服务居住建筑、公共建筑、工业建筑等多种建筑领域。威卢克斯并不是一家仅仅以盈利为目的的企业，它还兼具强烈的社会责任和公益属性，威卢克斯的大部分利润将直接捐给基金会用来回馈社会。威卢克斯基金会支持多个领域的慈善项目，包括科研、环境、社会和文化、青少年教育、可持续建筑等。

威卢克斯自成立之初，一直秉承模范公司的经营理念，虽然经过了八十多年，但是公司的发展依旧不忘初心。威卢克斯将可持续发展作为公司发展理念，一直在建筑室内气候领域不断创新，致力于为客户打造一个健康、舒适的工作生活环境。威卢克斯积极响应联合国发布的 2030 可持续发展目标，依据《巴黎协定》的具体内容制定企业发展战略，以减少集团发展所带来的碳排放。威卢克斯在 2020 年 9 月 1 日向业界承诺，要捕捉 1941 年公司成立以来所有碳足迹[③]。

公司愿景是到 2041 年（成立 100 周年）实现全生命周期碳中和。公司使命是通过改变日光和新鲜空气的空间，为人类和地球创造福祉。公司价值观是爱岗就业、互相尊重、成就客户、社会责任、勇敢突破、灵活敏捷。

---

① 海外 new things | 企业服务初创「Happeo」B 轮融资 2600 万美元，创建集成了各类 SaaS 的企业内网［EB/OL］.（2022-07-08）.https：//36kr. com/p/1817317842677380.

② 标杆分享 | 威卢克斯集团的碳中和计划［EB/OL］.（2022-11-11）.https：//mp. weixin. qq. com/s/dlgd46PDhRaXKYOfrqkPfA.

③ 威卢克斯斩获 2021 IMD-Pictect 家族事业可持续奖项［EB/OL］.（2022-07-19）.http：//www. velux. com. cn/content/details199_31666. html.

（二）创始人简介

“宁静至远”不仅是威卢克斯创始人 Villum Kann Rasmussen 的格言，也是该公司运行的宗旨。Villum Kann Rasmussen（1909–1993）生于丹麦西海岸的一个小岛 Mandø。Rasmussen 的父母注重教育，尽管不富裕，仍坚持让三个子女都接受良好的教育。Rasmussen 的学习成绩优秀，物理和化学成绩突出，高中毕业后他进入现丹麦技术大学就读，先修机械工程学，之后转入建筑工程学。在当时的丹麦，大学教师除了教学，还可以自行办厂。Rasmussen 毕业后在专做屋顶采光设备和玻璃屋顶的 Edvard Storr 公司任技术指导。后来，他又换过几个工作，1941 年，他决定自办企业。他将两个拉丁文字合在一起，为公司起名为 Velux（ve 是 ventilatio 的缩写，意为“通风”；lux 意为“光”）。

Rasmussen 一生勤于研发。他设计了多种天窗、屋顶密封防漏材料、建筑和家用产品，荣获了无数个国内外发明专利，仅在丹麦境内就有 55 项，成为业内多项技术标准的制定者。他的一句名言是，“一次实践，胜过一千位专家的建议”①。另外，Rasmussen 高度重视企业管理。他根据自己年轻时在不同类型公司工作的经验，决定公司内部最大的部门不超过 100 人，这样既可以对各部门的运作进行更好的控制，同时也为员工们提供更大的个人空间，激发他们的主观能动性，建立更融洽的人际关系。这样也可以避免大型部门出现层级过多、官僚行为和效率低下现象。Rasmussen 在 1993 年与世长辞，被葬在他出生的小岛 Mandø。同年，威卢克斯公司在河北廊坊的厂房开始破土动工。

（三）企业主要的创新点和创新事迹

1. 引领气候和自然行动

捕捉历史碳足迹。威卢克斯将企业的可持续发展转化为贯穿整个公司和价值链的切实行动，可持续发展真正融入整个流程，通过森林和生物多样性项目，威卢克斯获得碳足迹认证。

① 访谈录 | 威卢克斯（Velux）：“我们坚信赋能的力量”［EB/OL］．（2020-01-23）．https：//www.sohu.com/a/368644416_737710.

减少未来碳足迹。威卢克斯的目标是到 2030 年，减少企业运营过程中产生的全部二氧化碳。目前已经启动的两个关键项目包括：第一个项目是可再生能源购电计划，该项目可以为企业提供长期的可再生能源；第二个项目是能源卓越计划，该项目专注于全球能源监测、提高生产公司的能源效率和可再生能源生产。同时，威卢克斯也在积极推动“零碳设计”和“零碳建筑”。“零碳设计”是为生产公司设计零碳的新设备、工艺和设施，“零碳建筑”是在新建和现有的办公场所和办公楼及其周围减少碳排放。

推动建筑可持续性。威卢克斯于 2021 年 5 月提出了“为生活而建”的概念，主题是“我们将如何生活在一起”。新概念以罗盘的形式为设计师、城市规划者和建筑专业人士提出了设计原则，以及当今最紧迫的一些难题。共有七个维度，包括质量、环境、健康、社区、位置、成本、灵活度。同时，在哥本哈根发布《2022 年健康家庭晴雨表》，强有力地宣传建筑的可持续性，全方面地关注建筑与人的和谐共生。

2. 研发可持续产品

创新可持续居住的智能产品。威卢克斯不断开发数字产品的新功能，目标是到 2030 年，30%的窗户装有智能传感器驱动的自动化装置，使客户能够通过数字化监测和调节他们的住宅，以改善室内气候，节省能源消耗，更好地实现可持续生活方式。

减少产品碳足迹。威卢克斯将原材料、运输和生产确定为实现产品碳减排目标的三个关键因素。其中原材料采购占产品碳足迹的 75%以上，威卢克斯通过联系供应商，共同探讨未来的合作，以减少碳足迹，如联合开发解决方案和承诺购买某些等级的材料等。同时，威卢克斯还研发了一套操作工具，将减少碳足迹整合到产品研发中。

环保包装。威卢克斯的目标是到 2030 年实现单一材料包装、100%可回收包装和零塑料包装，也就是“绿色包装”。同时，威卢克斯还研发了一种新的包装材料，完全由纸和硬纸板制成，以取代以前的包装材料。

3. 建立负责任的企业

确保多样性和包容性文化。多样性和包容性是威卢克斯的目标，威卢克斯成立了全球多样性、公平和包容性指导委员会，希望通过打造多元的文化来实现企业的平等和包容，以展开更广泛的企业战略，带来组织变革。例如，增加管理层女性的占比，实现男女平等的企业文化。雇佣残疾人，最初的目标是雇用残障人士的数量占全部劳动力的3%。

打造安全健康的工作环境。威卢克斯把安全放在首位，目标是创造和维持一个安全的工作环境，实现“零事故”。威卢克斯为员工打造更健康的工作场所。全球设施团队使用主动式建筑室内舒适度、能源和环境标准，为了确定室内舒适度的基线，威卢克斯在不同地点的办公室、生产工厂和仓库设置了传感器，以测量 $CO_2$、温度和湿度在一段时间内的变化。

推行“零碳”绿色化发展。威卢克斯的目标是到2030年减少30%的航空出行和实现100%的汽车零排放。为推行更可持续的废物管理，威卢克斯制订了长期减少废物计划。目标是与相关利益方合作，为减少废物共同制定可持续解决方案。同时，威卢克斯通过收集新的废物处理方法和技术资料，整合废物处理数据，以发掘更大的潜在市场。

## 五、斯堪斯卡建筑集团公司

### （一）企业简介

斯堪斯卡公司成立于1887年，总部位于瑞典的斯德哥尔摩，是全球最著名、规模最庞大的国际承包商之一。目前，斯堪斯卡公司的员工总人数已达76000名，分别分布在北欧、北美、中国香港等15个运营点。斯堪斯卡公司的成功建设案例众多，如瑞典历史上的第一条沥青公路，世界上最长的水泥拱形桥。斯堪斯卡公司于1965年在瑞典证券交易所A股上市，开始走上快速发展之路。如今，斯堪斯卡公司作为拥有一百多年历史的国际化超大型建筑商，早在2005年就已经实现134亿欧元的营业额，1/5的营业额来自瑞典当地，其余大部分营业收入来自美国等经济较发达国家。

### （二）创始人简介

斯堪斯卡是由鲁道夫·弗雷德里克·博格于1887年创立。鲁道夫·弗雷德里克·博格是工程师出身，刚创立公司的时候，主要是为教堂、学校等公共建筑提供装饰性的水泥材料。为了获取更多的利润，鲁道夫·弗雷德里克·博格将公司业务进行了调整，拓展到建筑服务领域[①]。

（三）企业主要的创新点和创新事迹

1. 成功的国际化扩张运作模式

斯堪斯卡建筑公司在1971年拿下了在美国的第一个工程项目，负责曼哈顿的地铁项目。从此，斯堪斯卡公司开始了在美国的业务扩展，先后将美国本土的十几家建筑公司纳入囊中，以此扩大规模。美国业务的成功极大地鼓舞了斯堪斯卡公司全体员工和管理层，他们在新任总裁Claes Bjork的带领下，将美国模式很快地复制到欧洲、拉美等地。在经过一系列的国际扩张后，1992~2001年，公司的总营业额增长了将近四倍，占据国际建筑市场82%的份额。自此，斯堪斯卡公司成为国际公认的大型建筑承包商。

2. 转变战略方向，关注核心业务

在Claes Bjork总裁刚上任时，公司面临的最大问题是，在许多细分市场公司还存在继续发展的潜力，新任总裁是应该选择填补潜力领域还是把更多关注力放在核心业务？当时，公司的业务组合比较广泛、分散，在核心业务正常经营的同时，公司还投资了其他领域，如地板建材、厨房用具等。

专注于核心业务，在消费者心中埋下深刻的定位，这一点对于企业发展至关重要。1997年末，以Claes Bjork为首的高层管理团队总结了以往的经营经验，进行了战略转变，并向整个行业和目标客户进行了价值重申：成为建筑领域世界级的领导者，并将集中精力发展核心业务，转让非核心业务，持续进行国际化扩展。战略方向转变后，企业经营效益立竿见影。2001年，斯堪斯卡公司的营业额达到了历史最高的165亿瑞典克朗，国际市场份额由38%上升到了83%。

3. 未来规划：搭建数字枢纽和数字化施工平台

斯堪斯卡计划在2023年实现全面数字化，将在集团战略发展层面专注

① 瑞典斯堪斯卡公司——独特的国际化发展模式［EB/OL］．（2014-06-18）．https：//mp. weixin. qq. com/s/nvN6X9sNXrtSPrVB12DTEg.

数字基础设施。斯堪斯卡计划在整个公司推出两个新计划：数字枢纽和数字施工平台（DCP）[1]。数字枢纽是一项促进研究和创新的发展计划，也可视为一个创新中心。公司可先小规模地测试新产品和服务，然后推广到整个组织。斯堪斯卡的数字化大部分都在其数字施工平台上进行，平台通过各种与时俱进的新技术把员工、合作伙伴、分包商和客户更好地连接在一起，并对建筑项目中使用的大量数据进行协调。公司还计划把机器学习、物联网传感器、碳足迹跟踪，以及对施工现场设备的实时跟踪也整合到这个平台里。

数字施工平台的搭建可以高效利用资源，节省沟通传播时间，提高项目对接精准度，而且可以根据各种活动数据收集有效数据，以便进行数据分析，并将数据分析的结果作为决策、改善工作的基础。这种把数据当成生产要素的方式推动了数据驱动决策的良性发展。

## 六、潘多拉——珠宝品牌

### （一）企业简介

潘多拉珠宝始于 1982 年，由丹麦金匠 Per Enevoldsen 和他的妻子 Winnie 于丹麦哥本哈根创立[2]。此后，潘多拉踏入快速发展的历程，由一间丹麦珠宝店发展成全球知名品牌，启发世界各地的女性展现她们的个性和故事。其明星产品 Moments 手链与串饰的自由搭配为女性带来了铭记重要时刻的方式，潘多拉珠宝因而获得了世界各地女性消费者的喜爱。

潘多拉似乎有一种时尚魔法，吸引了无数大牌粉丝，丹麦王室、好莱坞女星凯瑟琳·泽塔·琼斯、DVF 设计师黛安·冯芙丝汀宝、网球运动员威廉姆斯姐妹、捷克超模佩特拉·内姆科娃海瑞和女歌手梅莉莎·埃瑟里奇都对它青睐有加。

---

① 建筑巨头瑞典斯堪斯卡公司宏伟计划——2023 年全面数字化［EB/OL］.（2019-09-30）. https://redshift.autodesk.com.cn/articles/digital-construction-cn.

② 奥莱品牌丨PANDORA，潘多拉［EB/OL］.（2020-06-16）.https://mp.weixin.qq.com/s/fZnhr67PYezy6_ocr01Vfw.

(二)创始人简介

1982 年，丹麦金匠 Per Enevoldsen 和他的妻子 Winnie 在首都哥本哈根开了一家黄金珠宝店，这就是潘多拉的前身。后来，他们去了泰国，发现了贵金属和宝石，还发现了一群精通手工艺品的工匠，于是他们便开始制作自己的珠宝[①]。

(三)企业主要的创新点和创新事迹

1. 疫情之下，不减薪不裁员

从 2015 年进入中国开始，丹麦珠宝品牌潘多拉的规模快速扩张。许多零售企业都开始裁员降薪，潘多拉对所有员工做出了“不减薪，不裁员”的承诺。潘多拉中国总经理洛嘉笙在与《哈佛商业评论》对话时表示，企业想要在艰难时期成为市场上的赢家，不仅要在平时招贤纳士，更重要的是在危机时期关爱和保留人才[②]。

2. 招人的原则：主人翁精神+自驱力+潜能

潘多拉兑现了疫情防控期间给员工的承诺，没有因为疫情大规模裁员，潘多拉的员工为了适应经济新常态进行了大量创新举措。疫情初期，门店员工自发通过微信小程序等线上渠道进行积极直播带货，为由于疫情不能外出到线下门店购买的消费者耐心服务。公司总部支持这种内部员工积极创新、打破常规的方式，公司迅速梳理了直播流程，统一了各个分店直播带货的流程，甚至打造了专属于潘多拉的微信直播平台，以应对激增的线上流量。

面对竞争激烈、个性化需求多样的中国市场，潘多拉中国区总经理洛嘉笙认为需要从三个角度去选拔人才。首先是主人翁意识，选拔的员工必须要把公司的事物当成自己的事物去对待，并且愿意认真对待工作，有所作为；其次是要有强大的自驱力，在逆境中需要有毅力和决心打败困难，

---

① 从丹麦王妃到巨星大咖都中了 PANDORA 手链的魔法！[EB/OL].(2018-07-19).https://baijiahao.baidu.com/s?id=1606416230438125462&wfr=spider&for=pc.

② 潘多拉：艰难时刻，企业价值观的知行合一更重要[EB/OL].(2021-03-12).https://new.qq.com/rain/a/20210312A01GAC00.

驱动自我快速进步；最后是潜能，如今的工作环境、工作内容变化多样，必须要有迎接未知、迎接挑战的胆量，充满好奇心地学习新知识。

3. 女性领导者服务女性消费者

潘多拉的顾客群中大部分是女性消费者，因此在潘多拉全球董事会的八位董事中，有六位是女性，这也可以体现出女性更懂女性的道理。在员工方面，94%的潘多拉中国员工是女性，69%的经理级别以上的高管是女性，而最贴近顾客需求的市场营销团队几乎是清一色的“娘子军”。潘多拉公司的成功发展为全球女性增添光彩，而且让女性员工感受到了更多温暖[①]。

潘多拉中国市场的营销总监大部分是中国女性，这背后的原因可能是女性更加懂女性的思想。女性在潘多拉能够找到自己的价值，并且潘多拉鼓励来到潘多拉的女性员工积极上进，创造属于她们的辉煌[②]。这一举措背后的核心是：领导层要深入员工底层，认真聆听员工的意见，尊重每一个群体，鼓励公平。

## 第六节　工程技术创新企业案例

### 一、5G 技术引领者——爱立信

（一）企业简介

爱立信于 1876 年在瑞典的斯德哥尔摩成立，是一家电话和可编程交换机的制造商。爱立信的 2G、3G 和 4G 无线网络被世界各地的主要运营商广

---

① 为员工营造开放式企业文化，潘多拉（中国）首获“杰出雇主”［EB/OL］.（2019-12-25）. https://m.thepaper.cn/baijiahao_5138859.

② 潘多拉珠宝强强联手天猫　刷新中国女性新势力［EB/OL］.（2019-08-03）. https://rmh.pdnews.cn/Pc/ArtInfoApi/article?id=6017787.

泛使用和部署，这使爱立信成为通过创新实现移动标准化的世界领导者。

作为一家拥有140多年历史的全球领先的通信公司，爱立信一直在研发方面投入巨大，是移动技术的创新者和领导者。从2G到5G，爱立信始终把创新放在首位，其技术目标从让对话更流畅、让浏览网页更便捷、让视频观看更顺畅走向了让网络化社会愿景得以实现的新阶段，让万物相连，让一切皆有可能。

（二）创始人简介

一位哲学家曾经说过，一个成功的公司必须由一个伟大的人创造，而这正是瑞典爱立信公司的情况。当人们谈到爱立信的成功时，总是会想到公司创始人拉斯·马格努斯·爱立信的名字。他不仅创建了爱立信，而且还创造了一个商业理念，使爱立信在一个多世纪以来一直处于通信行业的前列。以“建立人们交流的世界”为愿景，爱立信始终专注于电信业，不断定义电信业前进的含义，并实现一次又一次的跨越，引领着全球电信行业的技术发展和变革，保持着市场领先地位。

如果说有一种力量推动着爱立信沿着这条道路前进，那无疑就是创新。自1876年公司在瑞典诞生以来，持续创新一直是爱立信企业发展的支柱，使其能够在全球范围内竞争，并多年保持其在移动通信领域的领导者地位。创新引擎、创新文化、创新人才、创新整合和创新投资，爱立信建立了一个强大的创新体系，支撑着爱立信动荡的创新之旅。如今，爱立信在全球拥有超过六万项专利，并签署了100多项专利许可协议。爱立信发明了闻名世界的蓝牙技术和Erlang编程语言，该语言至今仍被许多知名公司所使用。爱立信早在1997年就创造了“智能手机”一词，与GS88概念手机同时推出，比苹果推出的iPhone整整早了十年。所有成就背后的坚实支撑就是爱立信成熟的创新体系。

（三）用5G技术打开企业创新之窗

1.5G标准的贡献者

创新一直是爱立信发展的动力和源源不断的推力，爱立信在2012年对5G标准的相关原则进行了制定，也受到了业界的广泛认可。通过开发5G

技术和陆续发布自己的无线标准，爱立信以创新的理念维护着网络安全，为提高 5G 标准和保护用户安全隐私献策，为 5G 的可持续发展提供建议，持续为 5G 标准的制定提出多样化的解决方案。

2. 5G 技术的引领者

作为世界领先的技术企业，爱立信始终坚持通信技术的不断创新，因此在 5G 上的发展让爱立信成为引领者。爱立信与全球众多领先的运营商及垂直行业合作伙伴，在 5G 关键技术研究及试验方面开展了颇有成效的多次合作，为 5G 的发展提供了更广阔的空间和更全面的平台。未来，爱立信将立足中国市场，积极与政府主管部门和行业伙伴接触并合作，推动 5G 技术的不断发展①。

## 二、国际化发展标杆——沃尔沃

### （一）企业简介

作为北欧创新的典型代表，沃尔沃汽车自创立以来始终以不断的技术创新走在全球汽车安全领域的前列。自从沃尔沃被吉利集团收购后，沃尔沃已经从一个小众的北欧品牌成长为一个全球性的知名品牌，在全球范围内的声誉越来越好。沃尔沃不仅优化配置了本土资源，而且最大化了全球市场的协同效应，形成了一个快速响应全球市场变革、满足消费者多样化需求，能够自如地应对全球化产业变革的创新型汽车领军企业。

沃尔沃是有温度的汽车品牌，自创立以来始终秉持“以人为中心”。中国是其重要的市场，沃尔沃汽车以“安全”为主题的创新和对健康和环保的重视使其获得了百万中国家庭的认可。总的来说，沃尔沃的创新始终基于公司的安全、健康和环保的价值观和产品基因，凭借强大的研发和制造能力、优质的供应商体系和广泛的经销商网络，沃尔沃在中国和全球市场上占据了很大的份额。在安全、健康和环保方面的持续创新，使沃尔沃汽车成为唯一入选波士顿咨询公司 2020 年全球最具创新力公司名单的

① 舒文琼．爱立信谈 5G 发牌 愿成中国 5G 创新生态系统的一部分［J］．通信世界，2019（16）：30.

豪华汽车品牌。

（二）创始人简介

1927 年，瑞典领先的滚珠轴承制造商 SKF 的两名员工——Asael Gabrielsen 和 Gustav Larsson，出于超前的眼光和对汽车的热情，决定一起工作，并说服公司管理层将公司的场地借给他们来组装一辆原型车。加布·里埃尔是国际营销主管，古斯塔夫·拉尔森是工程师，这两个人在经济上宽裕、技术上精进，他们一拍即合。一年后，第一辆沃尔沃卡车在瑞典海辛根岛的哥德堡建成。

1929 年，沃尔沃卡车一上市就被抢购一空，沃尔沃成为欧洲的一个知名卡车品牌。近一个世纪以来，沃尔沃一直致力于设计、舒适、智能和安全，在任何时候都为用户提供最好的产品，其初衷从未改变。沃尔沃创造了无数的经典卡车，世界上只要有卡车的地方就有沃尔沃卡车。

沃尔沃汽车公司成立时，其两位创始人 Asar Gabrielsson 和 Gustaf Larsson 留下了一句名言：“汽车是由人驾驶的。这就是为什么在沃尔沃安全是而且必须是我们做任何事情的指导原则。”事实上，安全可靠的沃尔沃是一个汽车品牌，其形象的特点不是信誉和守旧，而是在涉及安全系统时，在技术上非常精进，如沃尔沃是第一个开发自动驾驶技术的品牌。

“沃尔沃”是拉丁语“滚动”的不定式，它代表着公司的不断增长和无限性。沃尔沃的标志已经修改过几次，但有两个元素是反复出现的：一个金属圆圈和一个向上的对角线箭头，这让人联想到道路的力量、古罗马战神的勇气、瑞典的钢铁工业。

（三）品牌理念促进品牌创新

1. 以安全为核心价值观

沃尔沃自创立起便坚定了“以安全为核心”的价值观，并以此为发展理念进行不断创新，一直坚持把基础安全、健康呵护做到极致。在人类汽车发展史上，沃尔沃发明了一半以上的安全技术，包括广泛使用的三点式安全带、儿童安全座椅和盲点扫描。无论客户是否驾驶或拥有沃尔沃品牌的汽车，在系上安全带的时候总会感受到沃尔沃以安全为核心的创新力量，这使汽车的发展更加安全和完善。

沃尔沃对创新的定义不断更新，从解放双手双脚的 ACC 自适应巡航系统到全方位保驾护航的 BLIS 盲点信息系统，从贴心的行人安全系统到使停车轻松有趣的 PAP 自动泊车系统。从整体来看，沃尔沃在安全方面所做的一切创新始终以消费者为核心，从消费者的需求出发，保持追求美好的初心不变，这使沃尔沃汽车的创新火苗能够生生不息，使该品牌在全球范围内得到了高度的认可①。

2. 以创新为核心发展中国市场

中国市场的规模对于沃尔沃来说意义非凡，因此沃尔沃始终以创新为核心不断发展中国市场。沃尔沃在中国的发展战略可以从三个层面的创新来介绍，第一是企业层面的创新，包括沃尔沃汽车新的亚太总部正式开业，基于“共享维度”和“共享价值链”概念在中国建立的第一个品牌体验中心，中国消费者能够充分体验沃尔沃汽车的品牌文化；第二是产品层面的创新，沃尔沃在中国市场不断推出匹配不同消费者群体的新款汽车，践行为客户提供畅行无忧的出行方案的理念；第三是销售和服务层面的创新，沃尔沃在供应链管理方面引入新理念，为销售和服务奠定基础，还通过文化 IP、体育赛事和明星巡演向公众传播其风格和理念。

3. 以消费者为中心进行科技创新

自公司成立以来，沃尔沃汽车始终注重以消费者为导向的技术创新，以对消费者的洞察力和对领先汽车技术的全球理解为发展支柱，创建了 IntelliSafe、Drive-E、SENSUS 和 Clean Cabin 等子品牌。该公司已成为五个领先领域的全球创新领导者，分别是安全、健康和环境、电气化和新能源、智能连接和自动驾驶。

为了确保安全和舒适的驾驶体验，沃尔沃汽车将乘车安全和清洁座舱作为标准配置。沃尔沃 2040 年环境计划旨在使公司成为气候零影响的全球标杆。本着对客户的责任感和对安全的重视，沃尔沃汽车将继续发扬其品

① 李岩．筑造未来　沃尔沃可持续发展方法及实践［J］．上海质量，2020（2）：38-39.

牌优势，加强产品能力，始终以人为本。沃尔沃公司有着悠久的历史，它既继承了斯堪的纳维亚风格，又保留了“以人为本”的理念，斯堪的纳维亚精神在其产品中根深蒂固。

4. 以复合材料为创新主旋律

复合材料的使用在汽车行业是一种创新。沃尔沃汽车集团旗下的北极星作为沃尔沃品牌新能源汽车的子公司，以复合材料为创新主旋律，以创新电力来驱动汽车。鉴于电动汽车已经成为汽车行业的关注焦点和发展基点，沃尔沃旗下的运动品牌北极星引进世界级的电动汽车，通过以客户为中心的创新服务和供给，汽车外饰材料采用碳纤维增强聚合物，这种复合材料的使用为沃尔沃电动汽车的创新带来了源源不断的新鲜理念和发展空间。

5. 以 CampX 创新中心打造交通行业新未来

沃尔沃集团一直致力于引领运输业的发展和变革。在这种创新和合作理念的基础上，沃尔沃集团宣布在瑞典哥德堡建立 CampX 创新中心，以进一步加强集团在未来交通解决方案方面的领导地位。通过 CampX 创新中心，沃尔沃将积极推动集团在颠覆性商业模式和技术方面的转型，同时继续关注自动化、电气化和连接性方面的趋势。特别是 CampX 将帮助沃尔沃形成一种创业心态，激发新的想法，并作为整个集团的文化创新推动者，使创新成为沃尔沃集团工作的核心内容之一①。

## 三、北欧的通信传奇——诺基亚

### （一）企业简介

诺基亚是一家于 1865 年在芬兰成立的跨国公司，主要活跃在移动通信设备和相关服务领域。诺基亚最初是一家木材和纸张制造商，随着时间的推移，逐渐发展成为一家移动电话制造商，专注于通信基础设施业务，以及先进技术的开发和许可。

---

① 李莉．沃尔沃集团——布局中国　服务中国［J］．经济，2019（10）：66-69.

近年来，诺基亚的发展在一定程度上受到了影响。2011 年，诺基亚与微软结成全球战略联盟，并在 Windows Phone 操作系统的开发上密切合作；2014 年，诺基亚调整战略，将设备和服务业务出售给微软，退出手机市场，开始专注于移动网络基础设施软件和服务、地图导航和智能定位、先进技术研发；2014 年，微软出售设备和服务业务，退出手机市场。在 5G 技术的开发上，诺基亚注重创新，5G 技术的专利申请量居世界第一。

在进入移动通信领域后，诺基亚“科技，以人为本”的口号在中国家喻户晓，已经成为该领域的领导者，依靠创新与爱立信和摩托罗拉等老牌巨头抗衡。

（二）创始人简介

弗雷德里克·艾德斯坦是一位芬兰矿业工程师和企业家，诺基亚公司的创始人。弗雷德里克·艾德斯坦出生在一个贫困的家庭，他的父亲是芬兰矿业局的官员，受他父亲的影响，他在心中一直保持着成为矿业局官员的雄心壮志，大学他犹豫不决地选择了矿业专业。在研究生学习期间，他赢得了芬兰参议院的奖学金。弗雷德里克·艾德斯坦继续研究基本金属采矿，德国的弗赖贝格是他的主要学习地点，正是这个德国城市改变了他的人生方向。在这个城市，他了解到了一种生产原木浆纸的新方法，这种工艺已经达到了商业化的水平，于是他找到工厂负责人福尔特，两人进行了一次长谈。

弗雷德里克·艾德斯坦认为福尔特找到了解决原材料问题的正确方法。欧洲和北美的工业化国家对纸张的需求不断增长，但生产无法跟上快速增长的需求，仅仅依靠破布作为原料是无法满足发展需求的。他意识到，芬兰拥有可以提供原材料的森林资源，而且芬兰的森林中充满了沼泽和水体，可以供应和维持造纸厂，这将是芬兰的一项重大创新。他请求福尔特设计机器，1865 年 5 月 12 日他得到了参议院的许可，诺基亚的前身正式成立。面对快速变化的时代，弗雷德里克·艾德斯坦心潮澎湃。1871 年，在他的朋友利奥·梅切林的帮助下，艾德斯坦将两家工厂合二为一，变成了一家股份公司，艾德斯坦成为诺基亚的第一位首席执行官，随后他们将公司命名为“诺基亚”，一直延续至今。

1912 年，Arvid Pardo Wikström 创办了芬兰电缆厂，这成为诺基亚电缆和电子行业的基础。1960 年，诺基亚当时的总裁 Björn Westerlund 转向电信业，他认为这是技术的未来，并创建了诺基亚电子，专注于电信系统。1979 年，诺基亚与芬兰领先的电视制造商 Salora 合资成立了无线电话公司 Mobira。1981 年，北欧移动电话服务启动，这是世界上第一个国际移动网络，也是第一个提供国际漫游的网络。1982 年，第一部诺基亚移动电话产生。1987 年，诺基亚推出了 Mobira Cityman，它是第一个手持式移动电话，重 800 克，售价为 24000 芬兰马克，约 3400 元。苏联领导人戈尔巴乔夫被拍到使用该电话在赫尔辛基给他在莫斯科的通信部长打电话。1991 年，芬兰总理哈里·霍尔克里用诺基亚设备制作了世界上第一部 GSM 电话。诺基亚的时代正式开始。

早年在诺基亚工作过的人都深刻体会过诺基亚自上而下、由内而外的人性化，“科技，以人为本”并不局限于外部营销，它渗透到企业运营和绩效管理的各个方面。公司鼓励员工在日常工作中应用诺基亚四大价值观，每隔六个月就会通过参加 IIP 对话来评估他们对价值观的遵循程度，以审查业绩并设定目标。公司以人性化的方式向员工传达其价值观，通过鼓励而不是说教，通过理解和认同来了解员工的真实想法。诺基亚的四个价值观是客户满意、尊重个人、持续学习和共享成功。在诺基亚，每个人都是平等的，无论职位高低，员工的个性和不同的意见都会受到保护，并以一种非常民主和充满爱的方式得到尊重。

（三）企业战略的不断创新

1. 专业且聚焦，确定创新的方向

创新是一个需要持续关注和投入的过程，专业化是创新型企业的必要条件。1992 年，奥利拉成为诺基亚的新任 CEO，他认为未来的世界是移动时代，诺基亚应该专注于电信领域，包括移动电话和移动基础设施。根据这一战略，诺基亚剥离了所有非移动资产，并将所有资源投入到移动领域的研究和开发中。诺基亚从一个传统行业转变为一个专注于移动通信的创新公司，是芬兰国家发展战略的一个缩影。六年后，诺基亚已经从一个行业的追随者逐渐发展成为行业的领导者，成为世界上最大的手机制造商之一。

2. 坚持根基，开发新的方案

经过多年的发展，智能手机的性能和功能都有了质的提升，但与功能手机相比还是缺乏创新，尤其是在设计方面，很难做到像诺基亚手机那样有专属特点。新款诺基亚 7600 的整体设计风格是树叶形手机，非常具有创新性和识别性，这使诺基亚的价值更加突出。此外，屏幕采用钻孔，大大提高了手机的屏占比。

新款诺基亚 7600 是一款前置单摄像头的手机，前置镜头位于屏幕的左上角。这款手机采用 COP 封装技术，使上下边框极窄，屏幕的上边框有一个内置的扬声器，配备了声音优化技术，有助于改善通话质量。此外，这款诺基亚手机的后置成像系统选择了德国的蔡司镜头。

3. 校企合作，与未来技术精英结缘

创新需要拥有正确知识和技能的人。与大学紧密合作是诺基亚创新体系的基石之一。诺基亚与奥卢大学、坦佩雷大学和赫尔辛基大学等大学合作，向学生开放实验室。由于诺基亚的专业知识，这些学生中的大多数最终都加入了诺基亚。这为诺基亚提供了继续发展的人力资源。由于与大学的密切合作，诺基亚比其他公司更早地接触校园，并与“未来之星”建立联系。在知识经济时代，企业之间的竞争就是人才的竞争，这种长期的、前瞻性的合作模式为诺基亚未来的可持续发展奠定了坚实的基础。

（四）企业技术的不断创新

1. 投资于人的系统为可持续创新提供支撑

在确定了公司的专业方向和确保持续的人力资源创新后，诺基亚还建立了一个支持可持续创新的平台，即投资于人（IIP）的人力资源管理体系。

IIP 系统有以下主要特点。第一，它培养员工的创新勇气，进而在公司内部培养创新的勇气和激情；第二，它是一个基于价值观的招聘过程，确保加入公司的员工都是志同道合的人；第三，它通过轮岗确保员工的创新活力，使员工保持新鲜感和活力，同时促进知识在公司内部的流通和分享；第四，它是一个基于成本的培训系统，已经成为公司创新战略的支柱。

诺基亚以"科技，以人为本"理念为基础，以 IIP 框架为支撑，专注于移动通信，使诺基亚成为全球企业森林中最大的树木之一①。

2. 5G 节能降耗实现创新可持续

随着 5G 通信技术的发展，耗电量已成为网络运营的难题。在节能减耗的路上，诺基亚始终推动创新，走在创新前列。基于此现象，诺基亚以智慧节能的产品系列及基站有效降低能耗应对气候变化，改善环境质量，构建绿色未来。节能从芯片开始，在构建 5G 网络时，微小的细节也可能会产生巨大的变化，因此网络必须采用架构驱动的方法，并在许多领域进行创新，尽可能缩小外形尺寸，以节约材料、空间，减少潜在的运输排放量，使 5G 网络尽可能节能。诺基亚用于无线射频阵列（如无线电台天线）的 ReefShark 芯片组可以显著提高性能，并将大规模 MIMO 天线的尺寸缩小一半。与目前使用的基带设备相比，ReefShark 芯片可以减少 64%的功耗。

Quillion 芯片和 PSE 系列芯片的效果也俱佳。除了芯片，诺基亚的 FP4 网络处理器专为高效的大规模 IP 网络而设计。与前几代硅片相比，它简化了电路板设计，缩小了硬件尺寸，有助于将每千兆位的功耗降低 50%以上。

此外，诺基亚在环境方面也十分重视，诺基亚的液冷基站可以减少约 30%的电力消耗，减少 80%的二氧化碳排放，缩小 30%的基站尺寸和重量。与传统基站相比，液冷基站更安静、更环保、零噪声，能回收基站热量，可作为多单元建筑供暖系统的第二能源。诺基亚还与各合作伙伴一起参与了许多项目，以提高环境和能源效率。此外，诺基亚还与 Nordkapp、芬兰环境研究所 SYKE、Telia 和 Vaisala 联合开发了监测蓝绿藻情况的新工具——配备传感器的相机和无人机将飞越波罗的海，拍摄高清视频，并通

① 于强．诺基亚：专注可持续创新［J］．中国人才，2013（3）：52-53.

过5G传输进行实时分析。

3. 参与芬兰国家智能电网改造

作为欧洲使用可再生能源最多的国家之一，芬兰正在不断升级其输电网，以适应能源生产的变化，创建一个更灵活和自动化的电网。诺基亚正在用数字化和自动化的IP/MPLS网络帮助芬兰国家电网的管理实现现代化。新的智能电网将使不同的可再生能源（如太阳能、风能）得到更好的无缝整合。高速、低延迟和处理海量数据的能力使5G成为实时提供详细和准确数据的理想选择。

作为可再生能源使用最多的欧洲国家之一，芬兰正在不断升级输电网络，以适应不断变化的能源生产，如太阳能和风能发电需要更加敏捷和自动化的电网。诺基亚通过IP/MPLS网络，助力芬兰国家电网实现管理数字化、自动化升级。新的智能电网能够更好地无缝集成各种可再生能源，如太阳能、风能。

## 四、瑞典奥托立夫公司

### （一）企业简介

奥托立夫成立于1956年，是一家专业生产汽车电子安全设备等汽车配件的国际跨国公司①。奥托立夫在汽车乘坐员安全保护领域拥有核心竞争力，在全球28个国家拥有80多家生产工厂。为了提高研发创新能力，奥托立夫在全球设立20多个专业的碰撞测试中心。公司目前年销售额已经达到62亿美元。奥托立夫作为美国财富五百强，在全球多地分别设有分公司，如德国、法国、英国、日本及中国。交通安全是每个国家必须持续关注的议题，奥托立夫依靠自身创新实力，积极为全球汽车安全领域作贡献。“拯救更多生命”是奥托立夫的企业愿景，更是他们的企业使命②。

---

① 制造业典型案例 Autoliv［EB/OL］.（2017-07-06）.https：//mp.weixin.qq.com/s/ojpWbu4FL5ihz_awXLzlcg.

② 奥托立夫，一个把“拯救更多的生命”刻在品牌里的企业［EB/OL］.（2021-04-26）.https：//news.yiche.com/hao/wenzhang/45785745/.

（二）创始人简介

1956年，奥托立夫在瑞典由创始人建立，创始人研发出了两点式安全带，为公司产品注入了“重视安全、拯救生命”的基因。后来，创始人的孙子Fredrik，在大学结业后加入奥托立夫，成为一名工程师，在Fredrik的帮助下，几十年间，从最初的几十个人发展到遍及全球的几万人。他评价奥托立夫是一家“没有鸿沟、极具创新精神、对新事物无所害怕的公司”。①

（三）企业主要的创新点和创新事迹

1. 创新为本，在市场低迷中追求突破

奥托立夫一直将创新作为企业发展的强大基石，奥托立夫每年将销售额的7%用于新产品的研究，正因为如此，才成就了奥托立夫在全球汽车安全领域的领导者地位。奥托立夫中国区总裁Jennifer描写道：“有些员工习惯了天天一样的轨迹，将工作变成了一种习惯，好似机械上的一颗螺丝钉，让创新成为了一种奢侈品。”② 相较于国内部分中小企业的快速反应，奥托立夫松散的标准和流程，既是一种庇护，又成了一种约束。为了让更多员工的创新意识更加强烈，奥托立夫在两年前就已经初步实施各类激起创新的项目，如“灵敏共创”“研者光荣”等，既为员工创新赋能，又为其提供展现和分享创新想法的舞台。

2. 从产物创新，到构造机关的创新

Jennifer评价道：“一切的创新，从最初假定到真正有所打破，是离不开构造机关的优化的。”2018年，奥托立夫中国区总裁Jennifer联合公司其他部门设立Innovation SWAT。该部门的设立意味着在庞大的公司架构中，将会有一个相对独立的小团体，负责颠覆公司的产物设想、工艺流程等，避免公司在发展过程中出现“理所应当”和“安于现状”等问题。SWAT团队的存在对奥托立夫有必要的，当奥托立夫陷入创新瓶颈时，SWAT作为创

---

① 奥托立夫丨做传统的叛逆者，做时代的先行者［EB/OL］．（2020-05-19）．https：//www. sohu. com/a/396294372_183808.

② 拥抱行业变化　奥托立夫加速汽车安全技术迭代创新［EB/OL］．（2021-04-21）．https：//baijiahao. baidu. com/s？id=1697636790137200773&wfr=spider&for=pc.

新的催化剂，可以让创新的功效更快地显现出来。

3. 智改数转，助力高质量发展

奥托立夫集团是全世界最大的汽车乘员保护系统产品的生产商，占据约42%的世界市场份额。近些年，奥托立夫持续走“智改数转”赋能提速升级之路。

经过奥托立夫安全气囊点火器车间多年的技术改造和创新，11条生产线只需要五六名工人即可完成所有操作。在深度制造业的基础上，奥托立夫经历了自我革新。一方面不断加大对“智能化转型、数字化转型”的投入；另一方面组建团队，不断提升自动化信息管理水平。对于高频操作或存在一定操作风险的岗位，使用机器人代替人工操作；批量引进自动化生产线，充分发挥视觉检测功能在产品检测中的独特优势；使用自动数字测量和监控系统，QAD企业管理软件介绍等。

## 五、安迅士——摄影机监控

### （一）企业简介

安迅士是一家专门生产和销售网络视频监控设备的瑞典企业，成立于1984年。安迅士的全球战略布局很早就已经开始，目前已经在全球20个国家和地区设立分支机构，与全球超过70个国家和地区的合作伙伴展开合作。安迅士提供的产品具体包括网络摄像机、视频管理软件及视频编码器等[①]。安迅士的产品极具创新性，公司内部高度重视产品的创新和研发，聚焦于安全监视应用领域，专业性极高。

### （二）创始人简介

马丁·格伦是安讯士网络通讯有限公司的联合创始人，目前担任瑞典母公司安讯士AB董事会成员。格伦先生是Itact AB和Askero Intressenter的主席，同时也是Tobii Technology AB的董事会成员。格伦先生曾在瑞典隆德

① 安防不止有海康大华，这些企业同样虎视眈眈！［EB/OL］．（2019-11-29）．https：//mp. weixin. qq. com/s/l2rM8a0kiOWQBSXTk1uXeQ.

大学学习先进的计算机科学和电子学①。

格伦先生由网络起家，从打印机做起。他具有牢固的网络技术底子，1995 年他发现监控设备在摄像机部分全部都是模拟的，由于他自身网络技术的背景，很自然地想到摄像头应该也可以往网络技术方向发展。1996 年，格伦先生发明了第一台网络摄像机，进入了监控市场。

作为高瞻远瞩的设计师，格伦先生凭借其敏锐的技术洞察力和杰出的市场发展策略分析能力，先后在欧洲、亚洲和美国为安讯士拓展众多全新业务和旗舰产品线，加快了安讯士国际化的进程，确保安讯士始终领先一步。

（三）企业主要的创新点和创新事迹

1. 坚持提供优质产品，保持创新

安讯士对产品的质量要求非常高，他们不是看一个产品本身，他们在选择零件供应商时有很多不同测试，以确保符合安迅士的需求。瑞典很重视产品推出前的各种质量测试，因此安迅士也设置了很多标准，如防水、防尘、防撞击等。安迅士对整个产品最小的零组件、每个生产步骤都非常重视。安迅士对质量的要求都不是纸上谈兵，而是实实在在地付诸行动。

除了在质量方面保持严苛态度，安迅士还特别注重产品的更新换代与创新。安迅士每年平均会推出 50 款新产品，一般产品可以提供三年的保修。哪怕很多产品已经停止生产和销售，安迅士还会持续维护它的固件。从第一台网络摄像机的诞生至今，所有的技术及芯片都是安迅士自己研发出来的，这是它与其他竞争对手相比最具有竞争力的一部分。

2. 特殊的商业模式和完善的合作伙伴生态系统

安迅士的商业模式是特殊的，有代理商和集成商两层渠道结构。安迅士通过严格的渠道管理政策，确保安迅士的合作伙伴与公司互相信任。安迅士通过合作伙伴把产品拓展到市场，利用销售人员去推广售卖产品。

---

① 安讯士创始人马丁·格伦：产品不怕被模仿，关键要维持创新优势［EB/OL］.（2018-06-12）. https：//rich. online. sh. cn/content/2018-06/12/content_8928659. htm.

安迅士从一开始就开放开发平台，对于有能力或者兴趣的合作者，安迅士甚至可以免费提供 SDK。作为一个开放系统，安迅士可以把整个市场带动起来。安迅士除了摄像机产品还有平台，也在不断推广音频设备和周围防护设备。安迅士在智能分析方面也秉承着强强联手、共创共赢的原则。

## 本章小结

本章为案例分析，分为创新型国家聚焦分析和创新企业案例分析两部分。前半部分列举了北欧五国的创新担当——瑞典、芬兰和丹麦，以第一章和第二章的内容为铺垫，对其国家的创新进行重点介绍和分析；后半部分从产品型创新、科技研究领域创新、商业模式创新、效率驱动型创新和工程技术创新五大类企业案例入手，列举了音乐流媒体 Spotify、即时通信软件 Skype、通信传奇诺基亚、5G 引领者爱立信、汽车制造商沃尔沃、创新设计代表者 Muuto、家装品牌 KLONG、洗护品牌 FOREO LUNA、乐园企业乐高、医药大头诺和诺德和无糖乳制品巨头蔚优等 35 个北欧大中小企业的案例，聚焦其企业创新优势进行深入探讨。

# 第四章　采访合集

## 一、陶朗集团常新杰

### （一）个人及公司简介

常新杰，工学硕士，曾先后就读于西北工业大学航天学院、新加坡南洋理工大学电子与电气工程学院，现任挪威陶朗集团亚洲区循环经济业务发展副总裁。此前，常新杰曾先后就职于丹麦驻华大使馆商务处、丹麦托普索集团、博天环境集团及重庆德润环境有限公司等环保产业的领先企业。

1972 年，挪威的 Petter Planke 和 Tore Planke 两兄弟应当地一家商店的要求，发明了世界上第一台空饮料瓶回收机，并以此为契机在挪威全国打开了销路，陶朗集团以此为起点正式成立。进入 21 世纪后，陶朗进一步拓展战略布局，拓宽业务领域，开始涉足混合垃圾、混合金属和矿产的分选，进一步巩固了其在资源回收和环保领域的产业链。陶朗于 2010 年进入中国市场，在华有三大业务——食品分选业务、资源回收分选业务及饮料瓶智能回收机业务。

### （二）采访内容

**问：**北欧创新是一个庞大的生态圈，您可以用几句话定义一下您所了解的北欧创新吗？

**答：**我觉得是小而美，最有特点的就是企业小而美，人员少、规模小，但是利润和效益好，长期专注于一个领域，在细分领域做到极致。

**问：**北欧五国在创新方面有不同的发展，形成了不同的创新体系，您认为他们的创新发展各有什么特点？哪个国家在创新方面做得最出色？

**答：**一般意义上来说，根据国际机构的评测，丹麦和瑞典相对靠前，但是北欧五个国家均在创新方面有优异表现，不同国家在不同领域具有优势。瑞典的优势在制造业、基建、电子行业，丹麦的优势在生物医药、时尚、家居设计行业，芬兰的优势在通信、电子行业，挪威的优势在石油、农业、电子芯片行业。

**问：**您如何理解北欧人的创新基因与北欧的教育之间的关系？与我国在人才教育和培养方面有何异同？

**答：**我个人没有接受过北欧的教育，但是有过很多接受培训的机会，我个人的感觉是北欧教育注重培养个人兴趣和好奇心，并且在教育中求平均，注重团队之间的交流合作和团队精神的培养，不注重培养个人学霸。

**问：**您认为北欧社会浓厚的创新氛围与哪些因素有关？最重要的因素是什么？

**答：**我觉得有三个因素。第一是人的自由度比较高，因为经济社会比较发达、衣食无忧、社会保障好，大家都是出于个人的积极性进行创新，且效率高、易出成果；第二是社会平等，企业和机构中层级观念不严格，可以跟CEO直接对话交流，具有扁平化的特征；第三是重视产品的质量，北欧人愿意为好的东西付费，比如，北欧人有全生命周期的理念，会买高保值的奢侈品，用一辈子，还可以当作传家宝，因此北欧的产品具有耐久性，进一步促进了创新的发展。

**问：**您与北欧创新的关系十分密切，能否谈一谈在您与北欧创新接触的过程中印象最深刻的是什么？可以是一件事，也可以是一个人。

**答：**我首先想到的是丹麦的音响行业，坚持做高保真的产品，步步努力、逐渐创新，把保真度从95%做到96%再做到97%，为了工作目标有百分之一的提升而不断努力，持续创新。另外就是挪威的陶朗，也就是我工作的企业，有一个经营了50年的业务板块，几十年的持续改进始终围绕一个点，长期坚持做一件创新的小事。我觉得这种对微小创新的坚持，是很值得学习的。

**问：** 北欧有许多创新企业，能否讲一讲您认为最具有代表性的企业创新案例。

**答：** 我还是想以挪威的陶朗为例，我觉得企业的创新来源于痛点问题。比如，陶朗就是开发一个设备解决空瓶回收的痛点问题，由此以自动化手段代替人工，提升了空瓶回收的效率，从一个小作坊发展到现在的全球化企业。

**问：** 众所周知，美国创新和以色列创新在世界上也十分有影响力，您认为北欧创新与它们有何异同之处？

**答：** 我觉得相同之处是源于硅谷创新的车库精神，从一个两三人的小团队出发形成一个解决方法，以此来建立全新的商业模式。关于不同之处，我认为硅谷创新依托美国的大市场，不需要考虑国际化，国家本身有一个很大的单一市场来助力创新的发展；北欧和以色列一开始的创新需要瞄准他国市场，北欧去欧洲市场，以色列去美国市场，因此北欧的创新企业不太会发展成为一个大规模企业，有很多企业会接受投资和收购。

**问：** 在“双碳”目标背景下，您认为北欢创新的成功经验能否给我国的绿色创新发展带来一些启示？

**答：** 我了解到的是欧盟有一个中长期的发展规划，设计相应的路线图，因为长期的发展目标对于创新很有好处，所有人为了长期的目标付费，会投入更好的商业服务，因此在“双碳”方面需要有更长远、完整的规划。

**问：** 北欧在产学研一体化创新方面做得很出色，涌现了一大批创新型组织与机构，您认为有哪些方面值得我国借鉴？

**答：** 北欧的很多大学在研究成果的转化、落地上做得很好，有很完善的机制和体系，它们用各种方式鼓励老师和团队的积极性，在知识产权的分配上有完整的制度，倡导共同分享，我觉得这种完善的产学研制度体系值得我们借鉴。

**问：** 我国属于新兴市场，近年来有许多独角兽企业迅猛发展，在科创板上市，国家出台了发展“专精特新”中小企业相关政策，结合背景，您认为我国创新企业如何做才能实现可持续发展？

**答：**我觉得是坚持长期做一件事情，因为按照正常规律，一个企业在发展中不可能每年都冲刺跑，要掌握节奏，尊重客观规律，心态平和地追求企业的发展。

## 二、某资深投资人

（一）个人简介

受访者为资深投资人，曾在欧洲工作，对北欧业务有所涉及，目前专注于高科技投资。

（二）采访内容

**问：**欧洲各国在创新方面有不同的发展，形成了不同的创新体系，您认为它们的创新发展各有什么特点？哪个国家在创新方面做得最出色？

**答：**我觉得每个国家都有自己的优势，没有最出色之分。比如，北欧有基于诺基亚的通信产业，也有很多游戏产业；英国则在人工智能、量子计算方面有优势。

**问：**您如何理解欧洲人的创新基因与欧洲的教育之间的关系？与我国在人才教育和培养方面有何异同？

**答：**我觉得欧洲的学校有很好的孵化机制，如专门的 IP 机构、专业的孵化中心帮助学校教授进行创业，同时也很鼓励教授们在校内挂职，出去做商业化的事业，通过公司将创新的想法进行实现。总体来说，相较于我国来说，欧洲的学校在教育方面会给予更大的空间、更灵活的机会。

**问：**您认为欧洲社会浓厚的创新氛围与哪些因素有关？最重要的因素是什么？

**答：**我觉得最重要的就是创新的底蕴比较深厚，社会的氛围比较开放。

**问：**您与欧洲创新的关系十分密切，能否谈一谈您印象最深刻的是什么？可以是一件事，也可以是一个人。

**答：**对我来说最深刻的应该是很多创业者是老教授和资深专家，在欧洲有很多年纪很大的教授还在为创新奋斗，亲自写代码，做一些前线的、落地的工作，将创新贯彻到底，我觉得这是很令人感动的。

**问：**欧洲的高校在创新方面各具特色，能否讲一讲您认为最具有代表性的欧洲高校创新案例。

**答：**我比较了解剑桥大学。剑桥大学在人工智能语音方面很出色，有一个人工智能产品被苹果收购，这个产品与后来的 Siri 息息相关。总的来说，欧洲各个高校都有自己的优势学科，能够形成集聚效应。

**问：**众所周知，美国创新和以色列创新在世界上也十分有影响力，您认为欧洲创新与它们有何异同之处？

**答：**在我看来，美国的创新能够快速在市场上得到反馈，产生市场效应，是一种由点及面的规模效应；以色列的创新有许多由军事衍生，并且由于跟美国关系紧密，因此能够在美国进行市场验证。

**问：**欧洲在产学研一体化创新方面做得很出色，涌现了一大批创新型组织与机构，您认为有哪些方面值得我国借鉴？

**答：**我觉得是高校的创新制度灵活，学生可以随时暂停学习进行创业，很弹性化；高校的老师也可以比较灵活地选择进入企业或者回到学校工作，学校给予了很大的发展空间。

**问：**我国属于新兴市场，近年来有许多独角兽企业迅猛发展，在科创板上市，我国出台了发展“专精特新”中小企业相关政策，结合背景，您认为我国创新企业如何做才能实现可持续发展？

**答：**我觉得是做一些底子深厚的研究创新，不要想着弯道超车，要一步一步地踏实行走，不断突破，这样才能走得更远。

## 三、Slush 中国王晨

### （一）公司简介

Slush 是一项专注于科技创新创业和投资的国际活动，主要目的是帮助初创企业和科技人才对接国际投资人、大企业和媒体。Slush 每年都会在极具创业活力的城市举办，集结全球创业者，共同推动商业合作，在当地营造出独一无二的创业氛围。Slush 活动已成功在赫尔辛基、东京、北京、上海、深圳等城市的科技创新创业者的聚集地举办。王晨女士曾担任 Slush 中国区 CEO。

（二）采访内容

**问：**北欧创新是一个庞大的生态圈，您可以用几句话定义一下您所了解的北欧创新吗？

**答：**我觉得第一个是北欧的举国创新，它们的创新是一种自下而上的体制；第二个是终身创新，在创新上坚持长期主义；第三个是北欧的创新多是以个人、小集体、小团队爆破的创新，从个人的热爱和好奇出发；第四个是北欧的创新很多都是高科技和跨学科的。以上就是我总结的北欧创新。

**问：**北欧五国在创新方面有不同的发展，形成了不同的创新体系，您认为它们的创新发展各有什么特点？哪个国家在创新方面做得最出色？

**答：**关于这个问题，我可以聊聊北欧五国创新的不同之处。首先是我比较了解的芬兰，它的创新是从大树型到雨林式的创新体系，具体来讲就是芬兰的通信工程是支柱行业，科研投入高，诺基亚这个通信巨头发展迅猛，2005~2007 年行业的产值占全国 GDP 的 25%，但这种大树型的创新因为 2008 年的金融危机发生了改变，诺基亚的发展开始走下坡路，因此芬兰的创新投入开始倾向于中小企业，变成了雨林式。然后再说说瑞典，瑞典是大树型创新和雨林式创新两者皆有，尤其在科技领域有很多巨无霸企业，围绕着大企业产生创新体系，形成产业生态链，是一种藤蔓式创新，而且各大企业有交叉、有合作。丹麦的话也是自下而上的创新，产生了很多以设计理念驱动的多点式开发，有自己的创新优势。冰岛和挪威比较类似，冰岛的地理环境恶劣，但是有地热等能源，于是它们就利用能源进行创新发展，挪威坐享非常好的煤炭、石油资源，而且海岸线很长，因此结合这两点在造船、海运方面进行创新发展。这两个国家都是立足于地理特色、能源优势进行创新发展的。

**问：**您如何理解北欧人的创新基因与北欧的教育之间的关系？与我国在人才教育和培养方面有何异同？

**答：**在这方面我有很多感悟，因为我在国内和芬兰都接受过教育，高中到了芬兰，两边学习的时间都是十余年。首先，我到了芬兰之后，师资力量让我很惊讶，芬兰高中以上的老师每一个人都是硕士，而且都是双硕士，基础教育的话对老师的要求也是硕士，他们对于教育师资的高要求，倾尽全力培养老师体现了芬兰对教育的重视。其次是教学方式，教育过程中对学生的尊重程度很高，我所在的学校是一所比较好的高中，我很惊讶学生可以自由选择课程，并且一天之内上课时间并不是满满当当，学生有自己的时间可以安排，自主性很强，课程的评价体系也是探索性的，培养学生的创新能力，所有的教育围绕着学生来。然后就是芬兰的教育完全免费，每个人都能享受到平等的教育环境，而且500多万人口的国家有30余所高等院校，教育资源是很丰富的，每个学生都能得到个性化的支持。比如，从大学项目到商业卫星公司，Rafal Modrzewski和他的团队用了仅仅两年时间，这一切都源于学校层面的大力支持。总体来说，北欧的教育就是以学生为中心。

**问：**您认为北欧社会浓厚的创新氛围与哪些因素有关？最重要的因素是什么？

**答：**我觉得跟它们的社会形态有关系，北欧都是“小国寡民”，连人口最多的瑞典也不过1000万人左右，因此它们巧妙地选择了一种创新模式，建立了一套有序的、有层次的创新结构，以顶层设计也就是创新为基本国策，有很多创新基金会，像VTT这样的由国家建立的创新扶持机构，还有很多社会性力量会对企业进行投资，这使得创新的门槛非常低，让创新变成一件非常容易、风险不大的事情，因此北欧人可以在安心的环境下创新，形成一个良性循环。

**问：**北欧有许多创新企业，能否讲一讲您认为最具有代表性的企业创新案例。

**答：**刚刚提到了北欧有很多创新是小团队、个人创造的，这里我想讲一下Supercell这个公司。这是一个源自于芬兰的游戏公司、手游公司，每一个游戏的开发团队只有2~4个人，但是2015年营收便达到了20多亿美元。当时员工只有180人，这样的人员和创收情况，是非常惊人的，人均创新值很高。我们知道的有很多其他游戏公司都是采用人海战略进行游戏开发，由此可以看到Supercell的创新力之强。还有一个是Linux，它的创始人其实是赫尔辛基大学的一个学生，做了一个操作系统，然后仅仅以一个学生的创新力量撬动了互联网底层操作系统的变革。

**问：**在您看来，Supercell的成功之道是什么呢？

**答：**我觉得是创始人对游戏非常深刻的理解和热爱，Supercell的游戏背后有一套哲学体系，公司采取了无限游戏的理念，坚持在一段更长的时间里不断地创造价值，使游戏永久地生存下去，而不是短时间收割变现。基于这种理念，Supercell有一个特别的习俗，就是庆祝失败，每砍掉一个游戏，他们都会开香槟庆祝，因为觉得失败是一件很好的事情。此外，他们的游戏在上线前会在内部试玩投票，最终上线1~2个游戏，有一个完整的内部的淘汰高比例机制。这不仅有利于产品的精益求精，员工也不会害怕失败，更加愿意创造创新。到目前为止，Supercell只有五款游戏在市场上。最后还要提一下他们的组织氛围，虽然人员招聘很严格，但是CEO很放权，将权力下放到小团队，具有区域中心化的特点。这一套公平的底层方法论使他们能够如此创新、如此成功，业界有这样一种说法，只要是Supercell出品必是精品。

**问：**众所周知，美国创新和以色列创新在世界上也十分有影响力，您认为北欧创新与它们有何异同之处？

**答：**美国创新最具代表性的就是硅谷，那里有很多优秀大学、有资金支持、有各类企业，密度非常高，是一种世界级的、生态化的创新模式；以色列创新更多的是以高精尖技术为核心成果的拆分、转化，因为国家很小，没有市场发展的条件，因此技术发展到一定程度再去进行转化，跟大公司结合，进行科技成果转移，总体来说比较注重前期的创新、研发。北欧的创新就是自下而上的创新模式，每个人都是创新者，创新精神是普遍教育的产物。

**问：**在“双碳”目标背景下，您认为北欧创新的成功经验能否给我国的绿色创新发展带来一些启示？

**答：**我说一些我在芬兰生活的体验和感受。芬兰提出要到2035年实现碳中和，在芬兰关于碳排放、绿色发展、碳足迹等的概念和相关教育是很普及的、深入人心的，每年每个人都会有一份碳足迹报告，总体来说就是在意识层面的融合和理解。其实绿色发展这条路，国外有很多国家已经走了很多年，验证了这是一条可行的且必须走的路，我们随着“双碳”概念的提出，慢慢地自上而下贯彻，值得期待。

**问：**北欧在产学研一体化创新方面做得很出色，涌现了一大批创新型组织与机构，您认为有哪些方面值得我国借鉴？

**答：**我觉得是北欧非常平等的社会体系，对于各类创新者一视同仁的对待，不同层次的创新支持都是力度很大的，这值得我们学习。北欧的创新是由兴趣出发，因此创新者愿意日积月累地投入。

**问：**我国属于新兴市场，近年来有许多独角兽企业迅猛发展，在科创板上市，去年国家出台了发展“专精特新”中小企业相关政策，结合背景，您认为我国创新企业如何做才能实现可持续发展？

**答：**我不是这方面的专家，因此我就分享一些通用的想法。最近这十年，国内市场有很多波热潮，如共享经济、人工智能、元宇宙、芯片等，其实这是客观规律，每过一段时间都会有一个风口，我觉得要尊重规律，然后创业者要保持内心的纯粹，去做自己真王想做的事情。

## 四、丹麦驻上海总领事馆领事、丹麦科技创业中心主任何穆（Martin Rune Hoxer）

### （一）个人简介

何穆曾任丹麦科技创业中心（上海）主任，丹麦驻上海总领事馆领事，在创新、国际化及商务拓展领域拥有丰富的经验。

### （二）采访内容

**问：**北欧创新是一个庞大的生态圈，您可以用几句话定义一下您所了解的北欧创新吗？

**答：**我觉得最有代表性的特点是价值共享。北欧国家有共同的价值观，创新的思考会进行共享，很注重分享的价值。举例来说，北欧的气候常年很寒冷、潮湿，因此产生了许多北欧设计，这种设计适用于北欧每一个国家、每一个人。这种价值共享源于信仰、文化的相似，因为北欧是一个小型开放社会，大家对于社会福利、各种制度有共同的信念，北欧五国有着相似的历史，所以会产生这种价值共享。

**问：**您如何理解北欧人的创新基因与北欧的教育之间的关系？与中国在人才教育和培养方面有何异同？

**答：**中国和北欧都十分重视教育。北欧在教育方面有一个特点就是职业培训非常出色。无论是想追求学术，还是学习手工技能，每个人都能接受良好的教育。以丹麦为例，丹麦是一个很小的国家，因此需要充满活力的国民，因此有了终身学习的概念，每个丹麦人都善于发现新机会。整个丹麦建立了动态的系统，每一个接受教育的人都能发挥价值。

**问：**您认为北欧社会浓厚的创新氛围与哪些因素有关？最重要的因素是什么？

**答：**我认为最重要的因素是教育。北欧的国家都很小，但是无论乡村还是城市，都给孩子提供平等教育的机会，每个国家都有自己的教育计划，并且会有专门的机构来执行，确保计划的落实。

**问：**北欧五国在创新方面有不同的发展，形成了不同的创新体系，您认为他们的创新发展各有什么特点？哪个国家在创新方面做得最出色？

**答：**关于这个问题，我并不能进行详细的描述，但是我可以聊一些看法。在丹麦，有一些全球性大公司，但大多数还是中小型企业；在瑞典，有更多的国际性大企业；在芬兰，最有名的是诺基亚，并且有很多初创公司源于诺基亚；在挪威、冰岛的话，大企业比较少。关于创新系统，我认为是各个主体互相启发和合作的结果。在丹麦，有许多产学研一体化的组织，形成了不同的集群，有很多大学会跟企业进行相关领域的合作。此外，还有很多创新组织，能够创造各系统之间的交流。

**问：**北欧在产学研一体化创新方面做得很出色，涌现了一大批创新型组织与机构，您认为有哪些方面值得中国借鉴？

**答：** 我认为需要互相学习，共同合作。比如，在环境保护方面，北欧就需要中国参与进来；在高等教育方面，北欧的学生会有很多将理论用于实践的实习机会，这样就可以知道自己的不足，在学习上有所反馈，不仅仅停留在理论知识层面。

**问：** 您与北欧创新的关系十分密切，能否谈一谈在您与北欧创新接触的过程中印象最深刻的是什么？可以是一件事，也可以是一个人。

**答：** 我记忆最深刻的是北欧人对于知识创新的包容度和接受度，如有一个叫作 Nordic Innovation 的资助部门，会在价值共享方面提供支持。

**问：** 众所周知，美国创新和以色列创新在世界上也十分有影响力，您认为北欧创新与它们有何异同之处？

**答：** 我觉得美国的创新是非常大规模的，做得很出色，更有竞争性，北欧小国的体量很难与之相比；以色列的创新也是因为自身体量小才促使其进行创新，跟北欧国家一样。

**问：** 北欧有许多创新企业，能否讲一讲您认为最具有代表性的企业创新案例。

**答：** 我觉得是运输/航运公司，它们是世界领先者，在寻找替代燃料、降低排放方面一直努力。

**问：** 中国属于新兴市场，近年来有许多独角兽企业迅猛发展，如字节跳动，它的抖音业务很有名。结合背景，您认为中国创新企业如何做才能实现可持续发展？

**答：** 我不确定我是否有能力为中国公司提建议，但是我们正在与国际公司合作，我觉得持续的发展需要企业有社会责任感。比如，我知道阿里巴巴在聚焦绿色转型，其他公司在这方面也在提升。

**问：** 在“双碳”目标背景下，您认为北欧创新的成功经验能否给中国的绿色创新发展带来一些启示？

**答：** 关于这个问题，我可以举一个北欧企业的例子，如何保证水的质量，他们在技术上一直进步，保证水的质量，保护使用水的人，这需要大量的投入。

## 五、某大学教授

（一）个人简介

受访者曾赴丹麦留学，现在国内某高校担任教授，从事相关教学和研究工作。

（二）采访内容

**问：**北欧创新是一个庞大的生态圈，您可以用几句话定义一下您所了解的北欧创新吗？

**答：**我认为是平等、开放，比如，北欧对海外留学生的政策比较开放和宽松，吸引优秀的海外学子去北欧学习。再比如，平等带动了创新，学生和导师可以成为合作伙伴，协同促进创新研究。

**问：**您如何理解北欧人的创新基因与北欧的教育之间的关系？与我国在人才教育和培养方面有何异同？

**答：**北欧小学的教育以兴趣为主，注重养成开放性的思维模式，让孩子释放天性、大胆想象，不限制孩子的想象力和创造力。具体来说，就是认为在教育中老师上课和实践练习同等重要，老师会在学生练习的过程中不断交流、保持沟通，帮助学生找到探索的快乐。

**问：**您认为北欧社会浓厚的创新氛围与哪些因素有关？最重要的因素是什么？

**答：**我觉得有两个重要因素。首先是尊重，创新的基础是尊重，要培养人讲述创新 idea 的能力和欲望；其次是国际化氛围，北欧的包容性促成了“谁创新谁做主”的氛围，促成了创新的良性循环。

**问：**您与北欧创新的关系十分密切，能否谈一谈您在北欧留学的过程中印象最深刻的是什么？可以是一件事，也可以是一个人。

**答：**我印象最深刻的就是开放性。北欧的学校很开放，对于国外的老师很包容，尤其在高等教育和高科技领域，有广泛接触的国际化意识。而且北欧的老师创新能力很强，是一个“多面手”，可以直接将研究成果产业化，像一个探险家一样在无人涉猎的领域打造自己的影响力，展现自己的先进性的同时又能够保持谦逊。

**问：**北欧的高校在创新方面各具特色，能否讲一讲您认为最具有代表性的北欧高校创新案例。

**答：**我熟悉的北欧高校其学术和产业结合十分紧密，学校和企业都会提供导师指导，形成一个以大学为中心的产业园，老师来自各个国家，能够与整个欧盟进行科研合作。此外，创新的更迭很快，欧洲高校的创新研究支撑了产业的优势，使其能够一直处于相对领先的位置。

**问：**众所周知，美国创新和以色列创新在世界上也十分有影响力，您认为北欧创新与它们有何异同之处？

**答：**我觉得美国更强调个人价值，教授们像一个“摇滚明星”，有目标性、执行力，且成果的曝光率更高，强调知识化的落地。相对来说，欧洲更强调协同，很多的创新是口口相传，而不是以论文成果来衡量。

**问：**北欧在产学研一体化创新方面做得很出色，涌现了一大批创新型组织与机构，您认为有哪些方面值得我国借鉴？

**答：**我认为是制度灵活，交流紧密。比如，有的大学的学术和产业结合十分紧密，学校和企业都会提供导师指导，形成一个以大学为中心的产业园，老师来自各个国家，能够与整个欧盟进行科研合作；每个月都有来自欧洲各国的专家开展研讨会，创新氛围十分浓厚，各国的访问和交流十分频繁，整个欧洲是一个学术共同体；在研究项目上，公司牵头，各高校专家、学生一起努力，在全球范围内进行数据测量，形成国际化的标准，学生们的研究创新成果得到很好的展现。

**问：**能否谈一谈您当时为什么选择去北欧留学？

**答：**主要原因有两个。首先是北欧对海外留学生的开放性，我当时收到了研究生奖学金，该奖学金制度能够提供足够的生活费；其次是项目的吸引力，校企之间会做一些产学研合作紧密的项目，每半年都会有一个新的创新主题，且团队的组成十分科学平衡，因此我很想前往北欧学习，提升自己。

## 六、北欧之星陈祥胜

（一）个人简介

陈祥胜是丹麦奥尔堡大学硕士，在北欧学习生活过七年，曾在国内武汉大学任职英文教师；长期兼职于国内教育咨询机构；在北欧、英国、美国都有过生活经历，熟悉欧洲、中国、美洲的教育体制，有着丰富的教育咨询经历。2001 年，他发表的留学文章《求学北欧》被国内众多网站转载。居住北欧期间，实地考察过丹麦、芬兰、瑞典等国的绝大部分大学，以及挪威的部分学校，对北欧留学情况及具体项目非常精通，是北欧之星教育咨询公司创始人。

（二）采访内容

**问：**北欧创新是一个庞大的生态圈，您可以用几句话定义一下您所了解的北欧创新吗？

**答：**我觉得正如你问题里所说的，北欧的创新就是一个生态，是一个系统性的工程，一个共同的集体，具体体现在五个方面。第一，北欧是一个发达的区域，人均 GDP 很高，高福利的社会形态为每个北欧人学习自己感兴趣的东西提供了充分的支持；第二，政府对于初创企业有很多支持，因此北欧人对于创业失败没有后顾之忧，愿意尝试创新创业；第三，北欧企业的创新研发投入比例很高，注重技术的创新性，这使北欧企业的发展进入良性循环；第四，北欧的经济是外向型的，由于北欧没有丰富的自然资源，因此一直以来的国策是对外开放、科技立国，这样的国策使得北欧对于创新的包容度很高；第五，北欧以人为本的理念，如安全带、家居设计等都是从人的需求出发，以人为本的创新产品更有可持续发展性。

**问：**北欧五国在创新方面有不同的发展，形成了不同的创新体系，您认为它们的创新发展各有什么特点？哪个国家在创新方面做得最出色？

**答：**我觉得整体都不错，相对来说瑞典的综合性创新能力最强，各个方面都有自己的优势；芬兰以教育的创新为主，如芬兰的幼教在世界上都很有名。

## ◆北欧创新

**问：** 您如何理解北欧人的创新基因与北欧的教育之间的关系？与我国在人才教育和培养方面有何异同？

**答：** 在我跟北欧教育接触的过程中，我认为最特别的就是北欧的教育鼓励挑战权威，老师很少会否定学生，愿意倾听学生的想法。老师们也很重视学生的学习兴趣，在教学中让学生充分发展自己的兴趣爱好，用各种途径发掘学生的潜力。我觉得有一件事就是很好的体现，体现了北欧的教育是不拘一格的。2023 年 QS 世界大学排名第 128 的乌普萨拉大学，其招生不看重学生的学历背景，而是关注学生的学习动机和学习兴趣。这样的世界排名其实可以看出乌普萨拉大学是挺不错的一所大学，但是在招生方面的这种包容度是让我非常惊讶的，我觉得这样的教育理念是很有助于将创新的基因融入每个学生的血液之中的。

**问：** 您认为北欧社会浓厚的创新氛围与哪些因素有关？最重要的因素是什么？

**答：** 我觉得是以人为本的理念，北欧人都注重个人自身的发展。此外，北欧的人才评价体制支持“专才”，这让有才能的人能够发光发热，而且社会对创新失败的宽容度高，完善的社会福利制度使得试错成本比较低，这会鼓励人们创新。

**问：** 北欧的高校在创新方面各具特色，能否讲一讲您认为最具有代表性的北欧高校创新案例。

**答：** 其实高校是创新的一个重要环节，北欧的高校注重培养学生的可持续理念和创新思维。举例来说，阿尔托大学的学生有一个学期可以学习其他专业的课，根据自己的兴趣进行学习，这样的模式让学生有多种选择，使他们在学习其他专业的过程中产生思维的碰撞，在跨学科交融的过程中产生创新。

**问：** 众所周知，美国创新和以色列创新在世界上也十分有影响力，您认为北欧创新与它们有何异同之处？

**答：** 我聊一些个人的看法。在我了解范围内，美国的创新在人才和资金方面有优势，政府提供大力支持；北欧的创新也重视人才，但资金主要由企业提供，进行产学研合作，更加具有现实意义。

**问：**在“双碳”目标背景下，您认为北欧创新的成功经验能否给我国的绿色创新发展带来一些启示？

**答：**我觉得是一切强调可持续理念，坚持长期主义。举例来说，在北欧，人们很注重产品质量，企业坚持生产优质的产品，让客户能够长期使用。

**问：**能否谈一谈您创立北欧之星教育咨询公司的初衷和愿景？

**答：**主要有三个方面：第一是让更多的人了解北欧；第二是让更多的人了解北欧的教育理念，北欧的教育并非商业化，而是吸引人才；第三是北欧的留学费用不高，能够让更多工薪阶层的家庭的孩子能够有留学的机会。

## 七、复旦大学北欧中心马维（Veli-Matti Palomäki）

### （一）公司及个人简介

复旦大学北欧中心成立于 1995 年，现已发展成为由北欧五国和中国的共 22 所大学组成的组织，是北欧学者与中国学者交流与合作的一个场所。北欧中心每年举办一系列的学术活动，包括各类课程、研讨会、师生交流项目、合作研究等。

马维来自芬兰赫尔辛基，热爱中国文化，少年时期对中国香港电影十分痴迷。高中时，他开始学习中文；在赫尔辛基大学时，他学习的是东亚研究专业；2011 年至 2012 年，他在北京大学进修；2013 年和 2015 年他两度获得湖南卫视“汉语桥”世界大学生中文比赛芬兰赛区的冠军；2016 年 11 月至 2021 年 5 月底，他在芬兰驻上海总领事馆工作，负责芬兰文化推广和媒体宣传工作，目前是复旦大学北欧中心的项目经理。此外，从 2004 年开始，马维用英语、芬兰语和中文三种语言创作音乐。

### （二）采访内容

**问：**您在复旦大学北欧中心工作，对北欧人和中国人都有了解，您认为中国人的创新精神与北欧的相比有什么不同吗？

## 北欧创新

**答：** 中国的创新迅速且精彩，比如，手机的创新迭代。北欧的创新，就拿我的音乐创作为例，我喜欢想象一些全新的东西，追求完全的原创，一旦发现我做出来的音乐和某个音乐有雷同，我就会去重新创作。

**问：** 您如何理解北欧人的创新基因与北欧的教育之间的关系？与中国在人才教育和培养方面有何异同？

**答：** 我想用学音乐这个事情来解释这种关系。在北欧，很多人小时候就会一门乐器，他们学习乐器没有很明确的目的性，但是在中国可能有些家长希望孩子学习乐器去获得某个比赛的奖之类的。乐器的学习能够帮助孩子形成新的观点，让大脑以不同的方式处理问题，培养新的创造力。另外，可能最重要的事情就是，让它成为孩子真正想做的事情，有些人学习乐器学了十年，可是后来还是放弃了，我认为这是在浪费时间，而且也不可能成为某个领域的专家。北欧的音乐教育很普及，这可能和北欧的创新精神也有一定关联。我觉得北欧的教育还有一个值得提的、令人不可思议的特点，就是采取实际场景主题教学。以芬兰为例，他们非常重视基于项目的学习，孩子们的课程是类似“多角度理解第二次世界大战”，或者“如何在咖啡馆进行日常工作”这种贴近现实、更有助于理解这个世界运作规律的主题式教学，更有利于培养他们的创造力。

**问：** 在中国什么样的创新让您印象最深刻？

**答：** 中国的某些方面在很长一段时间里领先其他国家，如手机。中国的移动通信发展得非常快，在手机上你可以利用各种小程序、App 完成很多方面的事情。

**问：** 北欧的设计非常有特点，您觉得它能体现北欧创新的什么特点呢？

**答：** 北欧的创新是简单而又实用的。就像北欧很多的设计，总是贴近大自然，从大自然中汲取灵感。例如，芬兰有 70% 的土地是森林，还有数千个湖泊，因此被称为“千湖之国”。从自然出发的北欧设计非常简单但是又十分有用，就像北欧人的性格一样，比较谦虚，不喜欢浮华的东西，北欧创新其实是北欧人心灵本质的一种表达。

**问：** 北欧五国在创新方面有不同的发展，形成了不同的创新体系，您认为它们的创造力各有什么特点？

**答：** 我觉得每个国家的创造力的体现都是不同的，以音乐作为例子可以说明北欧五国的差异，瑞典的流行音乐更盛行，芬兰的音乐是金属风格的，挪威则是黑金属音乐的流行地，芬兰、挪威都有很有名的黑金属乐队。此外，前卫摇滚也是北欧创新的一种体现。北欧精神在音乐创作中表现得淋漓尽致，因此前卫摇滚和其他新型音乐流派十分受欢迎。

**问：** 您在中国已经生活了很多年，觉得中国的大城市，如北京、上海，在创新文化上有什么区别吗？

**答：** 不同城市在创新文化上的区别我还没那么深入地去了解，但是就我个人来讲，我觉得北京更加工业化，上海更加国际化，杭州的高科技、互联网企业比较多。

## 八、上海大学留学生 Noora Mäkelä

### （一）个人简介

Noora Mäkelä 硕士毕业于上海大学管理学院，目前在赫尔辛基的科技公司工作。

### （二）采访内容

**问：** 北欧创新是一个庞大的生态圈，您可以用几句话定义一下您所了解的北欧创新吗？

**答：** 北欧创新就像是一个促进北欧国家跨境贸易和创新的组织，促进了可持续性和合作。

**问：** 北欧五国在创新方面有不同的发展，形成了不同的创新体系，您认为它们的创新发展各有什么特点？哪个国家在创新方面做得最出色？

**答：** 我认为是瑞典，瑞典有很多创新。我还发现它们在 EIS（European Innovation Scoreboard）的排名中一直是第一名。瑞典公司 Oatly 是北欧创新的一个很好的例子。这个国家非常擅长生产燕麦，它们发明了燕麦牛奶，作为牛奶的不含乳制品的替代品。现在世界各地的超市和咖啡店都能买到燕麦牛奶。

**问：**您如何理解北欧人的创新基因与北欧的教育之间的关系？与我国在人才教育和培养方面有何异同？

**答：**教育和新一代是北欧创新未来的重要组成部分。我认为北欧的教育系统有很多特点，很重要的是学校系统依赖于自治和信任。老师们得到的是课程指南，而不是严格的规则，即使是小于14岁的学生的想法也很受重视。在中小学，每节45分钟的课包括15分钟的休息时间，因为北欧人重视学校和休闲时间的平衡，学习成绩不能严格地用在教室里花的时间来衡量。

我认为斯堪的纳维亚国家和中国在教育上有很多不同。我想说的是，中国的儿童和青少年也需要更平衡的系统，以及长时间的学习和休闲时间，以促进心理健康，从而对学习和人生的各个阶段产生许多积极的影响。

**问：**您认为北欧社会浓厚的创新氛围与哪些因素有关？最重要的因素是什么？

**答：**我认为最重要的因素是促进合作的教育体系和组织，有了这些组织的力量，企业才能获得走向世界的支持。

**问：**您与北欧创新的关系十分密切，能否谈一谈在您与北欧创新接触的过程中印象最深刻的是什么？可以是一件事，也可以是一个人。

**答：**我要再次提到我之前提到的产品——Oatly燕麦牛奶。在斯堪的纳维亚，在Oatly进入市场之前，燕麦牛奶还不存在。我们从小就喝大量牛奶，牛奶是我们饮食文化的重要组成部分。如今，我认识的几乎每个人都在喝燕麦牛奶，或者至少知道什么是燕麦牛奶，以及喝燕麦牛奶比喝牛奶更可持续。这是一种很棒的产品，有利于绿色发展。

**问：**北欧有许多创新企业，能否讲一讲您认为最具有代表性的企业创新案例。

**答：**我认为宜家是创新公司的一个很好的例子。宜家正在不断更新和改变它们的价值观和经营方式，它们为消费者提供创新的解决方案，如节水淋浴、多功能家具、智能家居应用程序等。它们还投资了自动化仓库，推出了二手概念。

**问：**在“双碳”目标背景下，您认为北欧创新的成功经验能否给我国的绿色创新发展带来一些启示？

**答：**可持续发展是企业和政府创新的最重要的话题，这应该是所有国家的优先事项。

**问：**北欧在产学研一体化创新方面做得很出色，涌现了一大批创新型组织与机构，您认为有哪些方面值得我国借鉴？

**答：**我认为，为了加强竞争力，各国需要建立专门资助大学学术研究和能力发展的组织和基金会。

**问：**中国属于新兴市场，近年来有许多独角兽企业迅猛发展，如字节跳动，它的抖音业务很有名。结合背景，您认为中国创新企业如何做才能实现可持续发展？

**答：**在字节跳动等互联网企业中有很多可能性，像这样的公司可以成为Z世代和千禧一代提高气候问题意识、环境保护意识的平台，用于教育和传播对重要主题的认识。比如，抖音可以成为“绿色运动”的宣传平台，为用户提供一个公开讨论、支持、启发等的平台。

## 九、上海某大学副教授

### （一）个人简介

受访者为国内某“985工程”高校博士，曾在丹麦留学，现为上海某大学副教授。

### （二）采访内容

**问：**您可以用几句话定义一下您所了解的北欧创新吗？

**答：**北欧企业创新是一种根深蒂固且不断传承的企业文化，企业对创新的重视不仅体现在研发投入占比方面，还体现在营造自由、个性化的创新氛围方面。对于如何平衡好工业创新和环境保护之间的关系，北欧企业非常重视，如丹麦丹佛斯采取降低能源消耗、能源回收再利用及采用可再生能源等措施，在包括总部园区在内的多个园区实现了碳中和。这得益于北欧企业对数字化技术和智能制造的重视和积极探索。

**问：**北欧五国在创新方面有不同的发展，形成了不同的创新体系，您认为他们的创新发展各有什么特点？哪个国家在创新方面做得最出色？

**答：**北欧五国的创新文化都是值得学习的，不同国家的产业创新发展在不同领域表现出差异性。比如，芬兰非常重视具有战略意义的科技创新，在科研投入占 GDP 比例、人均专利数量等方面一直位于全球前列。除了很早就发展起来的通信技术，芬兰还非常重视传统制造企业的数字化发展，制定了促进数字化发展的综合性法规。丹麦重视教育和创新产业发展的关联，生物医药、创意设计、绿色能源等领域的创新工作做得很出色。瑞典汽车产业基础雄厚，拥有完整的汽车制造产业链，通信、家具等领域的科技创新同样出色，这得益于瑞典政府提供的政策和资金支持。北欧另外两个国家挪威和冰岛则以能源、渔业等产业为主，科技创新实力相对于其他三个国家来说较弱。

**问：**您如何理解北欧人的创新基因与北欧的教育之间的关系？与我国在人才教育和培养方面有何异同？

**答：**北欧国家普遍人口较少，因此在基础教育、高中教育、职业教育和高等教育的过程中贯穿了对创新人才的培养理念，通过课程开发与设置、多元化和个性化教育等方式激发学生的创新潜能。由于自然环境和人口数量的制约，北欧大多数国家会聚焦优势产业，在资源有限的条件下通过职业教育的方式帮助本国公民找到适合自己的行业。这种集中资源帮助学生建立个性化职业生涯的做法使北欧国家能够不断丰富其创新人才储备。我国人口基数大，且很多产业发展水平与北欧国家有一定差距，打好基础才能更好地应对未来产业竞争和新兴产业发展。

**问：**您认为北欧社会浓厚的创新氛围与哪些因素有关？最重要的因素是什么？

**答：**最重要的跟经济高度发达有关。北欧国家均是经济水平位居全球前列的发达国家，在良好的社会福利政策、教育理念支持下，自由、开放的创新氛围浓厚。不过经济水平和创新氛围是一个不断循环、相互影响的过程，支持创新的氛围让北欧国家经济保持高速发展。

**问：**能否谈一谈在您与北欧创新接触的过程中，印象最深刻的是什么？可以是一件事，也可以是一个人。

**答：**印象最深刻的是北欧除了企业持续创新，大学也在为老师、学生提供更具包容性的创新创业机会。比如，在丹麦，大学里的创业教育是面向全社会的，不仅为师生提供创业教育，还针对不同社会群体开办了许多社会创业项目。政府鼓励大学将企业纳入创业教育体系，师生、公众都有机会接触创业培训，从而将创业想法、创意设计等落地。

**问：**北欧有许多创新企业，能否讲一讲您认为最具有代表性的企业创新案例。

**答：**我个人最喜欢的是丹麦乐高这家企业，这几年春节期间我总会去上海的乐高店里买几件具有浓厚春节特色的玩具。虽然这家企业已经成立了 90 多年，但是每次面临经营危机调整战略时都会将“创新”放在核心地位，持续创新贯穿了企业近百年的发展过程。目前乐高非常重视中国市场，在中国已经开设了近 400 家门店，在结合中国本土节日、文化，用文化共鸣吸引新客户方面，是我觉得比较有代表性的创新举措。

**问：**众所周知，美国创新和以色列创新在世界上也十分有影响力，您认为北欧创新与它们有何异同之处？

**答：**美国创新和中国类似，本土用户市场规模非常庞大，产品迭代很快，而且创新领域可以说是“面面俱到”。以色列跟北欧都是通过高度国际化合作实现面向全球的创新。

**问：**北欧在产学研一体化创新方面做得很出色，涌现了一大批创新型组织与机构，您认为有哪些方面值得我国借鉴？

**答：**北欧国家除了国家层面的技术创新中心，还有大量创新平台、商会、创新组织，非政府组织在企业创新中非常活跃，对于区域创新合作来说是很重要的，这一点值得我们借鉴学习。

**问：**在您工作的领域，您觉得哪些方面的北欧创新是值得借鉴的？

**答：** 我在高校工作，从事的专业教学和研究方向又是创新管理，我觉得对于创新创业人才的高等教育培养来说，北欧大学对老师、学生们的创新创业教育非常注重实践，并且也为师生创业提供了具有高度包容性的环境，这是国内大多数高校需要学习的。

**问：** 其他任何关于北欧创新的事情您有什么想说的？

**答：** 北欧国家经济发展的关键是提倡创新。

## 十、瑞典某大学助理教授

### （一）个人简介

受访者在国内“985工程”高校完成博士教育以后，又在北欧完成博士后工作，目前任职瑞典某大学助理教授。

### （二）采访内容

**问：** 北欧五国在创新方面有不同的发展，形成了不同的创新体系，您认为他们的创新发展各有什么特点？哪个国家在创新方面做得最出色？

**答：** 据我所知，丹麦比较注重小型企业创新。芬兰在教育和研发方面投入很大，注重基础研究和创新。冰岛在环境科学方面比较突出。挪威在海洋和可再生能源方面有较大成就。瑞典则在信息通信和生物医学领域领先，如我们熟知的爱立信。总体来说，瑞典政府、学术界和工业界联系紧密，在创新方面做得最出色。

**问：** 您如何理解北欧人的创新基因与北欧的教育之间的关系？与我国在人才教育和培养方面有何异同？

**答：** 我觉得北欧注重快乐教育和兴趣驱动的研究。进入科研领域的大多都是对所做课题真正感兴趣的人。此外，博士阶段仍然注重基础教育。培养的博士生都具有很好的学术基础和学术品位。我国在基础教育特别是本科教育方面，个人感觉仍有不足。评价体系导致部分教师无法专注于高质量教学。部分学生偏向于“利益”驱动，如为了找到好工作而继续深造学习。

**问：** 您认为北欧社会浓厚的创新氛围与哪些因素有关？最重要的因素是什么？

**答：** 较好的福利制度和较小的工资差距。每个人可以做自己真正热爱的事情，而不是为了生计去妥协。这样，不光是在科研领域，在各个领域做事的人都有较大的兴趣驱动力和产出能力。产学研合作紧密，注重长期发展，注重文章的质量而不是数量。

**问：** 北欧有许多创新企业，能否讲一讲您认为最具有代表性的企业创新案例。

**答：** 我自己是通信行业的，我就以爱立信为例吧。爱立信作为世界龙头通信公司，在各代移动通信系统研发进程中都做出了巨大的创新。

**问：** 众所周知，美国创新和以色列创新在世界上也十分有影响力，您认为北欧创新与它们有何异同之处？

**答：** 我觉得有相似的地方，如都注重基础教育，注重基础研究和技术创新，注重人才引进等。不同的地方可能在于美国的市场竞争更加激烈，大多创新以私营企业推动。

**问：** 在您工作的领域，您觉得哪些方面的北欧创新是值得借鉴的？

**答：** 我觉得需要学习他们的资源整合能力，加强产学研合作，鼓励基础研究和技术创新。同时，需要形成创新培养体系，加强国内的基础教育质量。

**问：** 其他任何关于北欧创新的事情您有什么想说的？

**答：** 我的工作领域是无线通信。正如我之前说的，我们要加强产学研合作和改善基础教育，培养更多的无线人才。

## 十一、某医药公司副总裁

### （一）个人简介

受访人在北欧攻读完硕士学位，随后一直在丹麦著名的医药公司工作。目前在上海担任某医药公司副总裁。

（二）采访内容

**问：**您可以用几句话定义一下您所了解的北欧创新吗？

**答：**聚焦可持续的创新。

**问：**北欧五国在创新方面有不同的发展，形成了不同的创新体系，您认为它们的创新发展各有什么特点？哪个国家在创新方面做得最出色？

**答：**对其他四国不是很了解，但丹麦的创新给我留下了很深刻的印象。

**问：**您如何理解北欧人的创新基因与北欧的教育之间的关系？与我国在人才教育和培养方面有何异同？

**答：**个人感觉寓教于乐是北欧创新基因的源泉。中国目前的教育模式在一定程度上束缚了某些原创的产生。

**问：**您认为北欧社会浓厚的创新氛围与哪些因素有关？最重要的因素是什么？

**答：**跨领域合作、扁平化的组织结构、平等包容的文化基因。最重要的是平等包容的文化基因。

**问：**您与北欧创新的关系十分密切，能否谈一谈在您与北欧创新接触的过程中，印象最深刻的是什么？可以是一件事，也可以是一个人。

**答：**在诺和诺德工作多年，对该公司的前后三任 CEO 都印象深刻，都来自内部提拔，经受过多年的业务培养和文化熏陶，非常好的传承了公司创立以来的价值观。

**问：**北欧有许多创新企业，能否讲一讲您认为最具有代表性的企业创新案例。

**答：**诺和诺德的 GLP-1 如今风靡全球，体现了公司时刻以患者为中心来研发新药的理念。

**问：**众所周知，美国创新和以色列创新在世界上也十分有影响力，您认为北欧创新与它们有何异同之处？

**答：**相同的是都是开放式的创新合作体系。不同的是北欧有更加平等包容的文化，功利主义会更少一点。

**问：**北欧在产学研一体化创新方面做得很出色，涌现了一大批创新型组织与机构，您认为有哪些方面值得我国借鉴?

**答：**最值得学习的就是聚焦和长期主义。

**问：**北欧的医药创新也非常发达，您觉得哪些是我们医药创新值得借鉴的?

**答：**时刻以患者为中心的研发策略。

**问：**其他任何关于北欧创新的事情您有什么想说的?

**答：**丹麦有一种不竞争、不比较、低控制、低评价的教育，一种自由宽松、自然生长的教育。希望中国也可以逐步从中学习借鉴，结合我们的国情来改善我们的教育体系。

## 十二、某大学教师

### （一）个人简介

受访人在北欧完成硕士和博士教育，并在北欧著名的跨国公司工作，随后进入上海某高校担任专职教师。

### （二）采访内容

**问：**您可以用几句话定义一下您所了解的北欧创新吗?

**答：**兴趣驱动，人文关怀，工匠精神，慢工细活。

**问：**北欧五国在创新方面有不同的发展，形成了不同的创新体系，您认为它们的创新发展各有什么特点？哪个国家在创新方面做得最出色?

**答：**瑞典大公司比较多，我们知道的很多著名的北欧公司大多都是瑞典公司，其创新力非常突出，特别是在可持续发展方面。但是，众所周知大公司的创新是有其天然障碍的，那就是成本高，转型慢。丹麦虽然大公司不多，主要是中小公司，但是其实创新力和灵活性都非常强。我们之所以不太听到丹麦公司的名字，是因为后来这些创新的小公司都被国际著名的大公司收购了。芬兰以前是诺基亚带动的创新，现在芬兰的创新产业主要围绕信息技术展开，芬兰这个国家强烈的创新欲望一直都在，这一点真的非常值得学习。我觉得芬兰也是在创新方面做得很出色的北欧国家，他们还举办著名的科技创新创业和投资大会 Slush，我参加过几次，非常有特色，印象深刻。挪威的创新围绕石油行业展开。冰岛不太了解。

**问：**您如何理解北欧人的创新基因与北欧的教育之间的关系？与我国在人才教育和培养方面有何异同？

**答：**我觉得北欧的创新基因和他们一出生就沉浸的教育环境是密切相关的。北欧的教育相对不强调分数，学前教育都是在玩，让孩子按照自己的意志自由自在地探索世界，发现自己的热爱与兴趣，也发现如何和其他小朋友相处。我们目前的教育环境存在一定束缚，应多多鼓励孩子从玩耍中找到乐趣与热情，最后升级为生活的创造力。

**问：**您认为北欧社会浓厚的创新氛围与哪些因素有关？最重要的因素是什么？

**答：**北欧的社会氛围是自由、宽容、平等的。这其实创造了一种全民创新的土壤，创新不是精英阶层的专属品质，对生活有热情、有兴趣的人都能在生活中实现创新。这就是我刚刚开始说的工匠精神，其实创新未必一定是高科技的，就好像我们特别擅长的商业模式创新也是创新。有很多创新是基于经验上的思考，但是如果一个人对他自己的工作没有兴趣，再多经验也无法催生创新。另外一种社会氛围是，社会鼓励孩子们去做自己喜欢做的事。北欧的年轻人在高中毕业以后约一年会做背包客，去全世界旅行，一边打工一边旅游，通过这段时间的观察来决定自己到底学什么专业。找到自己喜欢的方向才是最有价值的选择。

**问：**您与北欧创新的关系十分密切，能否谈一谈在您与北欧创新接触的过程中，印象最深刻的是什么？可以是一件事，也可以是一个人。

**答：**我记得我以前居住的学生宿舍有一个工作人员，一个个子很小的北欧中年男性。这个人和另外一个人一起负责整个宿舍的打扫和其他一切管理工作。除了尽职尽责做好分内的工作，我发现他经常拿着小本子记这记那的，琢磨各种管理上的创新。我们的宿舍也时不时有这样那样的通知，各种不一样的小福利。具体什么忘记了，就记得关于宿舍管理这件事情，这人总在红红火火研究，让我们这些学生受益匪浅。现在分析起来，首先他很尊重自己这份工作。其次我觉得他也喜欢这份工作，所以总在琢磨一些创新来提升管理水平。他还会用不熟练的英文和我聊天开玩笑，感觉他也很享受这份工作带来的社交沟通。另外，听说他们各种职业的收入差距不大，这也是他们做什么工作都能安心去做的原因。

**问：**北欧有许多创新企业，能否讲一讲您认为最具有代表性的企业创新案例。

**答：**瑞典的沃尔沃，最安全的汽车之一。芬兰诺基亚不用多说。丹麦的诺和诺德在一个领域做到无可替代。丹麦的维斯塔斯风力发电技术很牛。

**问：**众所周知，美国创新和以色列创新在世界上也十分有影响力，您认为北欧创新与它们有何异同之处？

**答：**美国是市场资本和技术的联合驱动创新。北欧是平等、自由、开放、宽松环境下的全民创新。以色列的创新与其教育传统有关系，我们都知道以色列是非常重视教育的。

**问：**北欧在产学研一体化创新方面做得很出色，涌现了一大批创新型组织与机构，您认为有哪些方面值得我国借鉴？

**答：**总体而言，北欧的产学合作比较好。我们国家的大学教育和现实是有一定距离的。我觉得这一点也在改善中。

**问：**其他任何关于北欧创新的事情您有什么想说的？

**答：**其实北欧创新的很多特点我们了解就可以了，不用刻意去学习，同时我觉得它们是不可复制的。我国伟大的历史文化也培育出了我们独特的创新特质，我们了解其他创新模式就可以了，不需要刻意学习、复制。我们自己的创新就按照我们自己的节奏、自己的方式就可以了，同时参考其他的模式，在适当的时候对我们自己的模式做一些修订。其实北欧也有类似的讨论，他们之前有个节目还专门介绍中国的小学教育，觉得我们很厉害，小小年纪就能做那么难的数学题，觉得中国的教育理念碾压北欧。当时我一看这个节目就想，原来大家都一样，这山望着那山高。

# 本章小结

根据本书的创新主体，作者采访了对北欧创新十分熟知的企业科技领域和文化教育领域的相关人士，他们与北欧有着紧密的关联，有的在北欧工作，有的在北欧学习，有的在北欧创业，有的从北欧来到中国。通过对他们采访的整理，总结提炼出北欧创新的相关信息，从更多元的视角来看待北欧创新。

# 结　语

创新一直是引领国家、社会在变革中不断发展的重要力量和关键因素，由于改革开放以来中国社会寻求突破的战略需要，在“科技是第一生产力”“大众创业、万众创新”等关于创新的国家发展战略的指导下，我国的创新事业有了跨越式的发展，进而加速了我国各方面的发展，提高了综合国力，扩大了世界影响力。

北欧创新是一段美丽的神话。从外在表现来看，北欧五国的创新是国家战略的引导、国家政策的支持、国家各组成部分的奋斗和努力；从内在逻辑来看，北欧创新是一种美丽又独特的基因，在北欧人民的血液中不断延续；是一颗渺小又强大的种子，在北欧的土地上生根发芽；是一首舒缓又动听的乐曲，在北欧的上空不断飘荡。愿创新的火种生生不息，愿世界的发展拥抱创新。

# 附　录

**附表　上海大学与北欧各国创新合作发展大事记**

| 序号 | 时间 | 标题 |
| --- | --- | --- |
| 1 | 2013 年 4 月 17 日 | “上海—芬兰新材料产业技术合作研讨会” 在上海大学隆重举行 |
| 2 | 2013 年 7 月 28~8 月 2 日 | 上海大学代表团赴丹麦参加欧盟国际交流项目研讨会 |
| 3 | 2013 年 8 月 6 日 ~15 日 | 塞浦路斯大学及丹麦技术大学学者来访上海大学并作报告 |
| 4 | 2013 年 9 月 17 日 | 上海大学合作单位芬兰国家技术研究中心副院长 Erja Turunen 博士荣获上海市“白玉兰纪念奖” |
| 5 | 2013 年 10 月 6 ~ 22 日 | 芬兰国家技术研究中心（VTT）专家来校交流合作 |
| 6 | 2014 年 9 月 23 ~ 28 日 | 瑞典乌普萨拉大学主任教授、Ångström 先进电池研究中心（ÅABC）主任 Kristina Edström 教授一行来访上海大学 |
| 7 | 2014 年 11 月 11 ~ 14 日 | 芬兰国家技术研究中心执行副院长 Jouko Suokas 以及副院长 Erja Turunen 来访交流 |
| 8 | 2015 年 6 月 10 日 | 船舶噪声控制解决方案研讨会顺利举行，SITI-VTT 合作进入实质性推进阶段 |
| 9 | 2015 年 11 月 19 日 | 中瑞新能源与纳米功能材料技术研讨会 |

1. 上海—芬兰新材料产业技术合作研讨会在上海大学隆重举行

2013 年 4 月 17 日，上海—芬兰新材料产业技术合作研讨会在上海大学宝山校区乐乎新楼报告厅隆重举行。该研讨会由上海大学、芬兰国家技术研究中心（VTT）、上海产业技术研究院共同主办。会议由上海大学科技处处长施利毅教授主持，芬兰国家技术研究中心（VTT）Erja Turunen副院长，芬兰国家技术创新局上海办事处Jarmo E Heinonen主任，上海科学院、上海产业技术研究院钮晓鸣院长，上海大学汪敏副校长，上海科学院、上海产业技术研究院石谦副院长，上海市纳米科技与产业发展促进中心闵国全主任，芬兰贸易协会上海办事处Jari Makkonen主任，上海大学理学院方建慧副院长等出席了开幕仪式。芬兰代表团由芬兰国家技术研究中心先进材料专家、芬兰Savonia应用科学学院工程师及公司代表组成，参加研讨会的上海代表分别来自上海大学、上海化工研究院、东莞上海大学纳米技术研究院、上海改性塑料产业技术创新战略联盟、上海金发科技发展有限公司、上海普利特复合材料股份有限公司、上海日之升新技术发展有限公司、上海天材塑料技术服务有限公司、广东银禧科技股份有限公司、芬兰Millidyne有限公司、上海三瑞化学有限公司、上海华明高技术（集团）有限公司、上海华晖新材料有限公司、上海上惠纳米科技有限公司等单位，中外专家围绕新材料发展及产学研合作开展了深入的讨论。

新材料产业在产业体系中占有重要地位。作为高新技术的基础和先导，应用范围极其广泛，它同信息技术、生物技术一起成为21世纪最重要和最具发展潜力的领域。上海市政府、市科学技术委员会、市教育委员会一直关注新材料产业的发展，上海大学负责的“上海新材料及应用产学研合作中心”已纳入上海高校知识服务平台建设计划。芬兰是当今世界上公认的创新型国家。为了保持科技领先地位，芬兰政府不断加大对研发的投入。隶属芬兰贸工部的国家技术研究中心是北欧最大的以应用为导向的科研机构，人员超过3100名，是企业和研究机构开展重大科研和产品研制项目的资助者和促进者。芬兰政府通过该中心对芬兰的技术开发进行投入。该中心通过提供研发资金和专家服务的方式，鼓励和加快新产品的研制工作，帮助企业将有开发价值的设想变成研发成果，并迅速将研发成果商品化。

在此背景下，上海—芬兰新材料产业技术合作研讨会的举行无疑具有重要的意义。通过交流联合，有利于新材料技术进一步与产业需求融合，加快技术成果转化应用。高校及科研机构人员可以进一步加深了解产业发展现状与趋势，明确今后的科研方向及重点。研讨会将有助于学校加强与国际一流科研机构的合作，对促进材料学科的建设与高素质人才的培养具有重要意义。

2. 上海大学代表团赴丹麦参加欧盟国际交流项目研讨会

2013 年 7 月 28 日至 8 月 2 日，上海大学代表团由科技处处长、纳米科学与技术研究中心副主任施利毅教授带队，赴丹麦参加欧盟第七框架“玛丽居里”国际交流项目 ELECTRONANOMAT——“电子纳米材料：分子尺度的电化学和新型电子化学材料科学”项目第一次研讨会。

于 2012 年底获批立项的 ELECTRONANOMAT 项目由丹麦技术大学化学系 Jens Ulstrup 教授协调，联合丹麦技术大学、英国利物浦大学、西班牙阿利坎特大学、塞浦路斯大学、上海大学、华东理工大学、中国科学院长春应用化学研究所、厦门大学共同申请。上海大学科技处处长、纳米科学与技术研究中心副主任施利毅教授为中方协调人。主办方丹麦技术大学特地将研讨会安排在丹麦皇家科学与文学院举行，丹麦皇家科学与文学院时任院长特地发邮件祝贺研讨会的举行。

自 2010 年 9 月上海大学科技处处长、纳米科学与技术研究中心副主任施利毅教授率团访问丹麦技术大学后，双方的合作在学校的支持下，在纳米科学与技术研究中心和丹麦技术大学化学系的紧密交流中顺利开展。为确保此次项目的顺利申请，施利毅教授带领课题组与 Jens Ulstrup 教授的团队保持密切交流与细致讨论，并作为中方协调人做了大量的协调工作，前期就派课题组颜蔚副教授赴丹麦技术大学与 Jens Ulstrup 教授的课题组进行深入交流。此项目的成功获批为双方在电子纳米材料领域的科研合作、人员交流、人才培养等搭建了一个良好平台，各方都有信心在此良好基础上再接再厉，通力合作取得更多更新的科研成果，同时争取更多欧盟及中国的科研资助。

3. 塞浦路斯大学及丹麦技术大学学者来访上海大学并作报告

2013 年 8 月 6～15 日，塞浦路斯大学物理系 Spyridon Skourtis 副教授、丹麦技术大学化学系张敬东副教授及其博士生 Christian Engelbrekt 作为欧盟第七框架“玛丽居里”国际交流项目 ELECTRONANOMAT——“电子纳米材料：分子尺度的电化学和新型电子化学材料科学”项目交流人员来访上海大学，Spyridon Skourtis 副教授与丹麦技术大学化学系张敬东副教授分别作了题为 *Electron and energy transfer and transport*：*From small molecule to cellular and device length scales*、*Scanning Tunneling Microscopy*，*Principle and Application* 和 *Investigation of Gold/Liquid Interfaces at the Nanometer Scale* 的学术报告。

于 2012 年底获批立项的 ELECTRONANOMAT 项目由丹麦技术大学化学系 Jens Ulstrup 教授负责，联合英国利物浦大学、西班牙阿利坎特大学、塞浦路斯大学、上海大学、华东理工大学、中国科学院长春应用化学研究所、厦门大学共同申请。项目将纳米材料与现代电化学技术相结合，在欧盟与中国的学术机构之间，在纳米材料电化学这个新兴的研究领域，意图建立长期的合作关系，共同突破核心技术。项目第一次研讨会于 7 月底在丹麦皇家科学与文学院举行。

4. 上海大学合作单位芬兰国家技术研究中心副院长 Erja Turunen 博士荣获上海市“白玉兰纪念奖”

2013 年 9 月 17 日，上海大学纳米科学与技术研究中心合作单位芬兰国家技术研究院（VTT）副院长 Erja Turunen 博士荣获上海市“白玉兰纪念奖”。“白玉兰纪念奖”是上海市设立的对外表彰奖项，每年颁授一次，旨在鼓励和表彰对上海市经济建设、社会发展和对外交流等方面作出突出贡献的外籍人士。2013 年共有 53 位外国友人获上海“白玉兰纪念奖”。

上海大学纳米科学与技术研究中心和芬兰国家技术研究中心的合作始于 2009 年直属芬兰劳动与经济部的芬兰国家技术创新局（Tekes）组织的芬兰纳米技术代表团对上海大学的访问。自 2010 年初芬兰国家技术研究院和上海大学纳米科学与技术研究中心签署合作备忘录以来，与芬兰国家技术研究中心合作开展的“基于纳米填料的阻燃功能高分子材料”开发项目进展顺利，同时正积极开展新合作项目的讨论与策划，准备联合申请欧盟第七框架中的国际科研合作项目。

与上海大学纳米科学与技术研究中心合作期间，先后担任芬兰国家技术研究院先进材料中心技术经理、后升任研究院副院长的 Erja Turunen 博士一直热心推进芬兰与上海的科研合作，持续跟踪与上海大学联合项目的进展，使基于纳米填料的阻燃功能高分子材料开发的项目合作得以顺利进行。因此，上海大学特在 2013 年初推荐 Erja Turunen 博士为 2013 年上海市“白玉兰奖纪念奖”候选人。此次获奖喜报，正是上海市政府对上海大学国际化发展战略及其成果的肯定，对今后纳米科学与技术研究中心深化国际交流与合作，打造国际化产学研合作平台有着积极的推动作用。

5. 芬兰国家技术研究中心（VTT）专家来校交流合作

2013 年 10 月 6~22 日，芬兰国家技术研究中心先进高分子课题组组长 Outi Härkki 博士来到上海大学做访问学者，就研合作项目“基于纳米填料的阻燃功能高分子材料开发”及今后的合作和纳米科学与技术研究中心的科研人员进行了深入交流与讨论。

芬兰国家技术研究中心成立于 1942 年，是北欧最大的多学科应用研究机构，与国际上很多企业、机构、大学等都有合作，具有很高的国际知名度。上海大学与芬兰国家技术研究中心的合作在上海市科学技术委员会国际合作处、上海市纳米科技与产业发展促进中心及芬兰国家技术创新局部门的大力推动下，从 2009 年开始便取得了快速进展。2010 年 2 月，芬兰国家技术研究中心下属应用材料研究中心副院长 Anne Ritschkoff 教授，技术经理 Erja Turunen 博士来上海大学访问，双方讨论了合作并签署了合作备忘录。2011 年 1 月，双方签署了阻燃材料合作研发的合作项目框架协议，开始了正式的研发项目合作。目前合作项目进展顺利，即将联合发表成果论文。

基于之前的良好合作基础，在访问期间，Outi Härkki 博士详细介绍了 2014 年新一轮中芬合作项目指南及 VTT 申请欧盟项目的准备计划，就共同申报中国科技部与芬兰国家技术创新局的联合纳米创新中心新的项目，以及合作申请欧盟及中国的国际合作项目进行了细致的交流与讨论，并计划于明年在芬兰进行国际合作研讨会，邀请相关产业代表参加。双方对于进一步拓展科研合作及相关的产学研合作都有着充分的信心。

6. 瑞典乌普萨拉大学主任教授、Angström 先进电池研究中心（AABC）主任 Kristina Edström 教授一行来访上海大学

受上海大学科技处处长施利毅教授的邀请，瑞典乌普萨拉大学主任教授、Angström 先进电池研究中心（AABC）主任 Kristina Edström 教授一行于 2014 年 9 月 23~28 日来访上海大学，参加功能材料国际会议（“2014 International Conference on Functional Materials”）和纳米科学与技术研究中心的系列学术交流与讨论。

Kristina Edström 教授是乌普萨拉大学化学系主任教授，Angström 先进电池研究中心（AABC）主任。由她负责的电池研究课题组在该领域处于国际领先地位，组内有 40 多位电池研发人员，拥有卓越的科研成果及产业化项目（如 Boston Power、LiFeSiZE 等项目）。该课题组以其丰富的研发设备与领先的技术全面研究锂电池材料、新概念电池（Li-O2、Li-S 等）及室温钠离子电池等，特别重视材料合成与性能开发、电化学表征、电池稳定性及电极/电解液界面的反应等。Edström 教授还是欧洲技术研究所 KIC Inno-Engery 董事会成员和能源战略研究联盟（包括 UU、KTH、SLU 和 LTU）的能源项目协调主管。经常被邀请在国际会议上作专题报告，并担任电化学协会电池分会的理事会成员。她是多家国内与国际科学研究委员会及高校的评审专家，包括欧盟设在瑞士、荷兰、挪威和丹麦等国的科学研究委员会，以及两家新设立的锂离子电池亥姆霍兹研究中心（在德国的 Ulm 和 Munster）。她承担了多项欧盟第七框架和 ERA-NET 有关锂离子电池的项目，并参加了 2003 年启动的纳米结构锂离子电池 ALISTORE-ERI 研究网络。她还担任了多家基金的董事会委员，还是瑞典战略研究基金会和 MAX-IV 实验室董事会委员。她还是瑞典皇家工程院院士和瑞典皇家科学院院士。

建于 1477 年的瑞典乌普萨拉大学是瑞典及整个斯堪的纳维亚半岛最早的大学。在 500 多年的漫长历史中，乌普萨拉大学经历了多次改革，发展至今已成为一所现代化的世界著名高等学府，在世界大学学术排行榜上，乌普萨拉大学始终位居前列。另外，八位诺贝尔奖获得者也进一步提高了

乌普萨拉大学在全世界的知名度，也使乌普萨拉大学成为全世界诺贝尔奖获得者最多的大学之一。此次与乌普萨拉大学化学系在锂离子电池研究课题的各个层面（包括隔膜、碳材料、催化材料）的合作将进一步提升上海大学纳米技术团队的科研实力与国际知名度。

7. 芬兰国家技术研究院执行副院长 Jouko Suokas 及副院长 Erja Turunen 来访交流

2014 年 11 月 11~14 日芬兰国家技术研究中心（VTT）执行副院长 Jouko Suokas 及副院长 Erja Turunen 来访上海大学科技发展研究院及纳米科学与技术研究中心，讨论深化合作事宜，通过小型研讨会、专题讨论等形式，重点讨论学校与 VTT 开展技术合作研究的可能性、合作推进双方技术向产业转移的模式，以及将已开展的纳米复合阻燃高分子材料项目进一步深化的工作计划。

芬兰是当今世界上公认的创新型国家。为了保持科技领先地位，芬兰政府不断加大对研发的投入。隶属芬兰贸工部的国家技术研究中心是北欧最大的以应用为导向的科研机构，人员超过 3100 名，是企业和研究机构开展重大科研和产品研制项目的资助者和促进者。该中心通过提供研发资金和专家服务的方式，鼓励和加快新产品的研制工作，帮助企业将有开发价值的设想变成研发成果，并迅速将研发成果商品化。学校与该中心围绕纳米科技开展了多年的合作研究，有关项目获得了芬兰国家技术创新局和上海市科学技术委员会国际合作项目的支持。

8. 船舶噪声控制解决方案研讨会顺利举行，SITI-VTT 合作进入实质性推进阶段

为了进一步发挥上海产业技术研究院创新平台国际化产学研合作优势，推进芬兰国家技术研究中心与中国船舶产业的研发合作。2015 年 6 月 10 日下午，在上海产业技术研究院金桥分部的第二教室，举行了一次“船舶噪声控制解决方案研讨会”，邀请到了芬兰国家技术研究中心执行副院长 Jouko Suokas 和 VTT 高效机械与运载团队带头人 Johannes Hyrynen 到沪对接技术需求，与参会的 10 余家国内领先的船舶企业与研究所进行深入交流。在

主办方上海产业技术研究院与上海索辰信息科技有限公司营造的第二教室宽松舒适的环境里，VTT 专家介绍的国际最先进的噪声控制及设计技术给参会者们带来了深刻印象，参会者纷纷表示赞许，并与芬兰专家积极交流，探寻合作机会。

自 2014 年底上海产业技术研究院（SITI）与芬兰国家技术研究中心共建合作创新联合办公室以来，协调组织芬兰 VTT 驻沪代表与来访的 VTT 专家对上海机器人、机械重工、船舶设计、智能交通、智能制造等产业进行了企业走访和需求调研，凝练了需求，聚焦重点行业与技术问题，与 VTT 的合作进入实质性推进阶段。在 6 月 8~11 日芬兰国家技术研究院执行副院长 Jouko Suokas 与 VTT 高效机械与运载团队带头人 Johannes Hyrynen 来访期间，除了与船舶行业的研讨会交流外，还拜访了潜在合作伙伴沃迪机器人等企业高层，进一步推进了可行性项目的意向达成与互访机制。

在 6 月 11 日下午举行的 2015 年度第二届 SITI-VTT 合作创新联合委员会会议上，双方管理层对 SITI-VTT 合作创新联合委员会办公室及 VTT 驻沪代表 Timo Hakala 的工作给予了肯定。委员会中方主席上海产业技术研究院院长钮晓鸣提出，下阶段需要聚焦某个具体项目，如船舶行业的某个问题、企业的某个需求，整合 VTT、SITI 及当地企业与合作方的互补优势，将合作项目落到实处。同时，也要加强 VTT 在 SITI 的展示窗口的建设，收集整理更多的相关材料，充分展示 VTT 的优势，更有效地挖掘潜在客户。SITI 会作为合作方，帮助协调，解决语言沟通、文化差异等方面的问题。芬兰国家技术研究中心执行副院长 Jouko Suokas、上海产业技术研究院副院长石谦等委员也纷纷发言，对于双方合作的下一步工作重点等给出了重要的指导意见。

9. 中瑞新能源与纳米功能材料技术研讨会

2015 年 11 月 19 日，“中瑞新能源与纳米功能材料技术研讨会”在上海大学宝山校区的材料复合与先进分散技术教育部工程中心一楼会议室隆重举行。上海大学科技发展研究院院长、上海产业技术研究院首席专家施利毅教授致欢迎辞，对来自瑞典查尔默斯理工大学、乌普萨拉大学的专家表示热烈欢迎。瑞典代表团团长、瑞典查尔默斯理工大学 Jörgen Sjöberg 教授答辞，表达了代表团对此次交流与今后合作的期待。

本次研讨会邀请了瑞典查尔默斯理工大学应用物理系团队负责人 Aleksandar Matic 教授，查尔默斯理工大学纳米散热技术团队负责人、上海大学中瑞联合微系统集成技术中心（SMIT）主任刘建影教授，查尔默斯理工大学能源与环境系 Maria Grahn 博士，查尔默斯理工大学材料与制造技术系曹昱副教授，瑞典乌普萨拉大学先进电池中心主任 Kristina Edström 教授、Torbjörn Gustafsson 副教授、朱杰芳副教授、上海大学材料科学与工程学院施思齐教授、上海大学纳米科学与技术研究中心袁帅教授介绍最新研究进展，并就新能源与纳米功能材料的合作进行了交流与讨论。双方都表示找到了很多互补双赢的合作可能性，并就签订瑞典查尔默斯理工大学、乌普萨拉大学和上海大学三方合作备忘录达成了一致意见。

# 参考文献


［1］阿尔托大学为何被称为北欧最大的艺术设计大学［EB/OL］.［2016-08-29］. https：//m. sohu. com/a/112546860_425940.

［2］爱步　一切从您的双足开始［EB/OL］.（2014-05-20）. https：//mp. weixin. qq. com/s/9AwT7zVp8yvKH_C_HJLvUg.

［3］安防不止有海康大华，这些企业同样虎视眈眈！［EB/OL］.（2019-11-29）. https：//mp. weixin. qq. com/s/l2rM8a0kiOWQBSXTk1uXeQ.

［4］安讯士创始人马丁·格伦：产品不怕被模仿，关键要维持创新优势［EB/OL］.（2018-06-12）. https：//rich. online. sh. cn/content/2018-06/12/content_8928659. htm.

［5］奥莱品牌 | PANDORA，潘多拉［EB/OL］.（2020-06-16）. https：//mp. weixin. qq. com/s/fZnhr67PYezy6_ocr01Vfw.

［6］奥托立夫，一个把“拯救更多的生命”刻在品牌里的企业［EB/OL］.（2021-04-26）. https：//news. yiche. com/hao/wenzhang/45785745/.

［7］奥托立夫 | 做传统的叛逆者，做时代的先行者［EB/OL］.（2020-05-19）. https：//www. sohu. com/a/396294372_183808.

［8］彼得·古德蒙顿. 加强与社会的联系进一步提高大学竞争力［J］. 国家教育行政学院学报，2010（10）：6-8.

［9］标杆分享 | 威卢克斯集团的碳中和计划［EB/OL］.（2022-11-11）. https：//mp. weixin. qq. com/s/dlgd46PDhRaXKYOfrqkPfA.

［10］冰岛大学院校简介［EB/OL］．［2022-10-25］．https：//m. liuxue86. com/a/4387410. html.

［11］财政部国际司调研组．北欧福利国家如何保持经济活力［J］．中国财政，2013（17）：65-68.

［12］陈静．来自冰火之岛的启示——冰岛义务教育段学校的心理健康教育研究［D］．武汉：华中科技大学，2011.

［13］陈孟莹．中国古代神话与希腊神话比较［J］．文化学刊，2019（8）：239-241.

［14］晨光．芬兰新一轮教育改革：着眼未来国民素质和能力［J］．教育家，2016（36）：16-19.

［15］从丹麦王妃到巨星大咖　都中了 PANDORA 手链的魔法！［EB/OL］．（2018-07-19）．https：//baijiahao. baidu. com/s？ id=1606416230438125462&wfr=spider&for=pc.

［16］丹麦品牌 MUUTO：北欧风格设计的传统与创新［J］．工业设计，2016（9）：34-35.

［17］邓璐．全球科技创新中政府的职能定位、演化趋势与效果评估——基于全球 29 个科技创新中心的比较分析［J］．文化月刊，2019（7）：136-142.

［18］邓美．Spotify：和宠物一起听喜欢的歌［J］．销售与市场（管理版），2020（5）：100.

［19］窦桂梅．北欧教育印象：为每个受教育者的一生发展奠基［J］．中小学管理，2018（7）：52-54.

［20］樊继达，石建国．芬兰的国家创新驱动战略［N］．学习时报，2016-01-21（002）．

［21］访谈录丨威卢克斯（Velux）："我们坚信赋能的力量"［EB/OL］．（2020-01-23）．https：//www. sohu. com/a/368644416_737710.

［22］芬兰："小"国"大"教育［J］．共产党员，2019（3）：62.

［23］芬兰：多管齐下实施国家创新驱动战略［J］．广东科技，2017，

26（2）：57-58.

［24］芬兰：提升清洁技术研发水平大力发展节能环保产业［N］．经济日报，2009-11-03（011）．

［25］芬兰商报：2020 年最有希望的 10 家芬兰初创企业［EB/OL］．（2020-05-24）．https：//mp. weixin. qq. com/s/TUZ9VquXSSoU8ghcQFdj1g.

［26］冯惠敏，郭洪瑞，黄明东．挪威推进高等教育质量文化建设的举措及其启示［J］．高等教育研究，2018，39（2）：102-109.

［27］付一鸣，和苗．瑞典以人为本打造“创新之国”［J］．劳动保障世界，2016（34）：68.

［28］哥本哈根商学院概况［EB/OL］．［2023-03-30］．http：//dk. liuxue360. com/news/03514334. html.

［29］郭华．项目学习的教育学意义［J］．教育科学研究，2018（1）：25-31.

［30］上海赴芬兰、英格兰创新考察团．芬兰、英国科技创新之旅［J］．华东科技，2007（8）：66-68.

［31］海外 new things | 企业服务初创「Happeo」B 轮融资 2600 万美元，创建集成了各类 SaaS 的企业内网［EB/OL］．（2022-07-08）．https：//36kr. com/p/1817317842677380.

［32］何隽．芬兰大学研究型人才职业发展教育：亲历与思考［J］．时代教育，2014（23）：1，18.

［33］何力．中国神话与北欧神话的符号表征对比研究［J］．湖北开放职业学院学报，2020，33（3）：186-187.

［34］贺达水．北欧国家如何构建国家创新体系［J］．国家教育行政学院学报，2016（10）：85-88.

［35］赫尔辛基大学［EB/OL］．https：//m. maigoo. com/citiao/150701. html.

［36］胡海鹏，廖晓东，袁永，等．芬兰创新驱动发展政策及对广东的启示建议［J］．特区经济，2017（5）：36-39.

［37］黄粹．北欧妇女组织兴盛的制度环境分析［J］．大连理工大学学报（社会科学版），2014，35（2）：34-38.

［38］【经典设计】B&O 设计精髓［EB/OL］．［2020-10-12］．https：//zhuanlan. zhihu. com/p/264973629.

［39］基于传感的光电分选技术，提升回收行业的效益［EB/OL］．（2017-10-25）．https：//www. tomra. cn/recycling/recycling-technology/.

［40］建筑巨头瑞典斯堪斯卡公司宏伟计划——2023 年全面数字化［EB/OL］．（2019-09-30）．https：//redshift. autodesk. com. cn/articles/digital-construction-cn.

［41］江南电器工具联盟．世界吸尘器产品发展简史（1860-2019）［EB/OL］．［2019-04-30］．https：//mp. weixin. qq. com/s/8x9xNzspKIUWMK1rYs0Ghg.

［42］姜明文．探寻北欧神话的“维金精神”意蕴［D］．长春：东北师范大学，2005.

［43］姜圣瑜．农业国转身高科技经济体的“快进键”［N］．新华日报，2009-10-15（A02）．

［44］蒋绚，张培培．制度、政策与运行机制：瑞典创新驱动发展研究与启示［J］．武汉大学学报（哲学社会科学版），2017，70（5）：131-142.

［45］解密全球最大的有机乳品生产商：阿尔乐更懂有机［EB/OL］．（2020-10-10）．https：//www. 163. com/dy/article/FOIQIDJM05329F33. html.

［46］经典相机|永不褪色的哈苏双雄［EB/OL］．［2020-05-23］．https：//mp. weixin. qq. com/s/OplPeLeN_4srusm-YfqgJw.

［47］靠一张纸每年盈利千亿，这家企业是怎么做到的？［EB/OL］．（2020-06-17）．https：//baijiahao. baidu. com/s？id=1669746490775668488&wfr=spider&for=pc.

［48］柯常青．冰岛：创新强国的“秘密”［J］．教育，2012（5）：60-61.

［49］蓝映红．浅析如何提升幼儿园区域活动的有效性［J］．课程教育研究，2019（8）：21.

［50］朗集团 CEO 荣获欧洲商务领袖大奖［EB/OL］．［2019-02-02］．https：//www. sohu. com/a/297940931_100214832？ sec = wd&qq - pf - to = pc-qq. c2c.

［51］李莉．沃尔沃集团——布局中国服务中国［J］．经济，2019（10）：66-69.

［52］李玫忆，梁冬梅．北欧“小国”如何成为创新“巨人”［J］．当代县域经济，2017（5）：6-7.

［53］李岩．筑造未来沃尔沃可持续发展方法及实践［J］．上海质量，2020（2）：38-39.

［54］李永群，于青，黄军英．聚焦国外创新力［N］．人民日报，2011-04-12（023）．

［55］利乐：服务型制造的极致境界——创新式垄断［EB/OL］．（2017-12-18）．https：//mp. weixin. qq. com/s/ZybxpNZHPAkEghjL-Req-A.

［56］梁燕君．技术创新的发展趋势及北欧科技创新经验［J］．中国质量，2008（7）：31-33.

［57］廖苑伶．基于三螺旋理论的芬兰政产学合作模式研究［J］．世界教育信息，2016，29（17）：23-27.

［58］林孟仪．北欧五国：小国大智慧［J］．党政干部文摘，2007（12）：43-44.

［59］林娴岚，王海燕．芬兰国家创新体系的特征与启示［J］．中国国情国力，2014（10）：70-72.

［60］刘真．世界大学排名问题研究综述［J］．高教学刊，2016（8）：20-21.

［61］柳婷．芬兰信息通讯技术创新网络研究［D］．武汉：华中科技大学，2008.

［62］龙骑．冰雪之国的热情——北欧诸神故事［J］．今古传奇（奇

幻版上半月版），2005（5）：144-147.

［63］陆璐．北欧青少年核心价值观教育研究［D］．南京：东南大学，2019.

［64］罗峰．让聊天更简单微软增强 Skype［J］．计算机与网络，2016，42（2）：32.

［65］麻乐．城市自行车道改善及路网规划研究［D］．西安：长安大学，2013.

［66］马子斌．《2020 年全球创新指数报告》的概述与启示［J］．中国发明与专利，2021，18（4）：28-34.

［67］每年盈利千亿，伊利蒙牛都在给它打工，这家企业做对了什么？［EB/OL］．（2020-06-20）．https：//baijiahao. baidu. com/s？ id=1670000953818680712&wfr=spider&for=pc.

［68］尼克拉斯·莫林德．Auddly 音乐社区：为音乐产业创造新机遇［J］．文化产业导刊，2014.

［69］你了解真正的“北欧风”吗？［J］．环境经济，2019（17）：66-69.

［70］诺贝尔奖是怎样评选出来的？［J］．当代学生，2004（23）：50-51.

［71］欧洲常识——北欧神话与希腊神话的主要区别是什么？［EB/OL］. https：//m. tingclass. net/show-8492-463625-1. html？ gf.

［72］潘多拉：艰难时刻，企业价值观的知行合一更重要［EB/OL］．（2021-03-12）．https：//new. qq. com/rain/a/20210312A01GAC00.

［73］潘多拉珠宝强强联手天猫　刷新中国女性新势力［EB/OL］．（2019-08-03）．https：//rmh. pdnews. cn/Pc/ArtInfoApi/article？ id=6017787.

［74］“前驱之王”——回顾已经消失的汽车品牌 Saab 萨博［EB/OL］．（2018-06-27）．https：//mp. weixin. qq. com/s/Xf3ztLxNGOj4RXe7A3yUrw.

［75］器材无止境，手握摄影装备的你，打算何时上哈苏？［EB/OL］．［2017-10-13］．https：//www. sohu. com/a/197899811_443076.

［76］钱文丹．芬兰：生活教育也是必修课［J］．人民教育，2018（17）：76-79.

［77］钱文荣．女权运动的杰出活动家布伦特兰夫人［J］．瞭望周刊，1989（10）：40-41.

［78］瑞典——交通最为安全的国家之一［EB/OL］．（2020-03-04）．https：//mp. weixin. qq. com/s/7GONaksIJlTHf2s6V_ e6nw.

［79］瑞典斯堪斯卡公司——独特的国际化发展模式［EB/OL］．（2014-06-18）．https：//mp. weixin. qq. com/s/nvN6X9sNXrtSPrVB12DTEg.

［80］瑞典伊莱克斯：我是一个有血有肉有温度的品牌［EB/OL］．［2018-11-09］．https：//mp. weixin. qq. com/s/QZ66cFX3GwO5-mM9Y6UQEg.

［81］“萨博”要走了，回忆“萨博”的那些年［EB/OL］．（2016-06-26）．https：//m. 163. com/dy/article/BQDMJORE05278D6E. html.

［82］舒文琼．爱立信谈5G发牌愿成中国5G创新生态系统的一部分［J］．通信世界，2019（16）：30.

［83］斯德哥尔摩大学［EB/OL］．https：//m. maigoo. com/citiao/150777. html.

［84］宋丽萍．区域创新系统绩效评价及创新能力提升路径研究［D］. 北京：中国地质大学，2014.

［85］宋学增，吴蒙．跟芬兰学制度创新［J］．清华管理评论，2015（1）：86-92.

［86］眭依凡．关于“双一流建设”的理性思考［J］．高等教育研究，2017，38（9）：1-8.

［87］孙海燕，李攀．北欧式创新［J］．21世纪商业评论，2005（10）：111-113.

［88］孙雨薇，陈琳，王挚馨．神性与人性之歌——浅析北欧神话精神内核［J］．文化学刊，2020（9）：77-79.

［89］谈资|哈苏相机背后的男人：维克多·哈苏（Victor Hasselblad）

[EB/OL]．[2021-03-04]．https：//mp. weixin. qq. com/s/DwljT-L3KiG8xvxTGGkwxg.

[90] 王冬．北票市农村妇女政治参与的提升对策研究[D]．大连：大连理工大学，2015.

[91] 王金花．关于芬兰幼儿教育对我国幼儿教育改革的启发[J]．时代教育，2016（22）：249.

[92] 王文慧．如何改变芬兰的教育——赫尔辛基大学思考角和阿尔托大学 HaraldHerlin 学习中心[J]．建筑技艺，2021，27（2）：82-88.

[93] 王杨．快时尚与慢时尚品牌释读[D]．大连：大连工业大学，2016.

[94] 王子丹，袁永．北欧主要国家创新战略与政策研究[J]．科技管理研究，2018，38（11）：26-30.

[95] 威卢克斯斩获 2021 IMD-Pictect 家族事业可持续奖项[EB/OL]．（2022-07-19）．http：//www. velux. com. cn/content/details199_31666. html.

[96] 为员工营造开放式企业文化，潘多拉（中国）首获“杰出雇主”[EB/OL]．（2019-12-25）．https：//m. thepaper. cn/baijiahao_5138859.

[97] 魏宁．芬兰“现象教学”管窥[J]．中国信息技术教育，2019（1）：17.

[98] 吴桐．挪威的创新系统和创新政策[J]．法制与社会，2019（24）：240-241.

[99] 武中哲．北欧福利国家制度之利弊及对我国的借鉴意义[J]．理论学习，2001（10）：56-57.

[100] 纤雪．一个降糖药企的传奇故事——记诺和诺德成长史[J]．家庭药师，2011（4）：82-85.

[101] 谢宇航，邓菊秋．发达国家地方政府主体税种设置及启示[J]．经济纵横，2014（11）：105-108.

[102] 徐伯良．瑞典高等教育 and 中国留学生[J]．中国研究生，2003（6）：18-20.

［103］闫若瑜．诺和诺德：以创新驱动糖尿病患者治疗体验提升［N］．中国医药报，2020-11-13（003）．

［104］杨沐喜．审视北欧模式［J］．科学大观园，2009（8）：45-46.

［105］杨洋，张艳秋．瑞典的科技创新模式：演变与挑战［J］．全球科技经济瞭望，2017，32（10）：1-7.

［106］引领传感分选技术，提高资源生产力［EB/OL］．https：//www. tomra. cn/about-us/our-mission/.

［107］拥抱行业变化　奥托立夫加速汽车安全技术迭代创新［EB/OL］．（2021-04-21）．https：//baijiahao. baidu. com/s？ id=1697636790137200773&wfr=spider&for=pc.

［108］于凌珊．芬兰全纳教育的经验及其启示［J］．现代特殊教育，2019（3）：73-76.

［109］于强．诺基亚：专注可持续创新［J］．中国人才，2013（3）：52-53.

［110］云嘉．Skype 的商业化之路［J］．互联网天地，2009（5）：74.

［111］在扩张到中国市场之前，小众品牌 GANNI 是怎样成功的？［EB/OL］．（2021-08-18）．https：//mp. weixin. qq. com/s/ygLLf3cKhw2HGPkxpVPKSA.

［112］曾卓然，韩仁杰，任跃文．企业管理效率、政府补贴与技术创新［J］．统计与决策，2021，37（2）：181-184.

［113］张浩，陈锐．基于三螺旋理论的瑞典政产学合作模式研究［J］．科技和产业，2018，18（4）：94-99.

［114］张红霞．北欧国家的福利制度改革及其对中国的启示［J］．中国石油大学学报（社会科学版），2007（6）：48-52.

［115］张剑虹．北欧社会保障法律制度研究［J］．安徽电子信息职业技术学院学报，2005（5）：72-73，76.

［116］张彭．高新区应成为高端人才集聚的高地——第十五届中国高新区协会人力资源开发工作委员会年会侧记［J］．中国高新区，2011

(11)：42-45.

［117］张睿梅．朴实无华的北欧之珠风味独特的瑞典美食——访中国瑞典建交60周年庆典暨晚宴总厨 Gunnar Eriksson 先生［J］．中国食品，2010（13）：92-93.

［118］张伟，范钦亮，金玉国．提高济南市城市创新能力的对策研究［J］．科技与经济，2004（4）：20-24.

［119］赵珂珂．芬兰幼儿教育对我国幼儿教育改革的启示［J］．大众科技，2015，17（7）：130-132.

［120］郑祺，罗怡萍，彭琳．欧美著名大学课外科技文化活动的经验及启示［J］．三峡大学学报（人文社会科学版），2011，33（1）：109-112.

［121］制造业典型案例 Autoliv［EB/OL］．（2017-07-06）．https：//mp. weixin. qq. com/s/ojpWbu4FL5ihz_ awXLzlcg.

［122］About Peepoople［EB/OL］．http：//www. peepoople. com/information/about-peepoople/.

［123］Arla/爱氏晨曦［EB/OL］．https：//www. aitansuo. com/brand/brandInfo/1657. html.

［124］B&O 90年了，但总在制造新奇［EB/OL］．（2022-09-30）．https：//www. wenmi. com/article/pymuxp03moly. html.

［125］Bottle Dream. 瑞典 Peepoople：尿尿和便便去哪儿［EB/OL］．（2014-03-11）．https：//mp. weixin. qq. com/s/s3RPhAFPpN2-5MgG7OLDng.

［126］Cooke P. Nordic innovation models：Why is Norway different?［J］. Norsk Geografisk Tidsskrift - Norwegian Journal of Geography，2016，70（3）：190-201.

［127］ECCO 让行走成为乐趣［EB/OL］．（2017-04-17）．https：//mp. weixin. qq. com/s/P4ZrHYQ4f7i_ yeQ660dVXg.

［128］ecco 鞋履故事——为什么我们更好？［EB/OL］．（2021-01-29）．

https：//mp. weixin. qq. com/s/KDHlAHjfDKcYVGhn81Pg2g.

［129］Elisa. 独家采访丨为何这个挪威时尚生活方式品牌不愿“高冷”，只追求幸福？［EB/OL］．［2022－11－25］．https：//new. qq. com/rain/a/20221125A09ZNH00.

［130］GANNI［EB/OL］．https：//www. mytheresa. com/zh－cn/designers/ganni. html.

［131］Happeo 获得 2600 万美元 B 轮融资［EB/OL］．［2022－08－18］．https：//new. qq. com/rain/a/20220708A07X1A00.

［132］I. Miremadi Y. Saboohi，M. Arasti. The influence of public R & D and knowledge spillovers on the development of renewable energy sources：The case of the Nordic countries［J］．Technological Forecasting and Social Change，2019（146）：450－463.

［133］Johansson S，Stefansen K. Policy－making for the diffusion of social innovations：The case of the Barnahus model in the Nordic region and the broader European context［J］．Innovation：The European Journalof Social Science Research，2020，33（1）：4－20.

［134］Jungsberg L，Copus A，Herslund L B，et al. Key actors in community－driven social innovation in rural areas in the Nordic countries［J］．Journal of Rural Studies，2020（79）：276－285.

［135］ManuchehrIrandoust. Innovations and renewables in the Nordic countries：A panel causality approach［J］．Technology in Society，2018（54）：87－92.

［136］MBA：促销组合策略（国家级教程）［EB/OL］．［2021－11－26］．https：//mp. weixin. qq. com/s/aDqYz－KsAiY6rHDwGDP_8Q.

［137］Miremadi I，Saboohi Y，Jacobsson S. Assessing the performance of energy innovation systems：Towards an established set of indicators［J］．Energy Research and Social Science，2018（40）：159－176.

［138］SAAB. 萨博汽车［EB/OL］．http：//www. sotto. cn/case1－21. asp.

[139] Savino T, Testa S, Petruzzelli A M. Researcher under standing of food in novations in Nordic and Southern European countries: A systematic literature review [J]. Trends in Food Science and Technology, 2018 (77): 54-63.